Frank Löser

Freiberger Sagenbuch

Mit Sagen des Freiberger Landes

Verlag Rockstuhl

Impressum

Umschlaggestaltung: Harald Rockstuhl, Bad Langensalza

Titelbild: Freiberg. Donatsgasse mit Donatsturm, welcher zur Zeit der Schwedenbelagerung der Stadt zu Verteidigungszwecken diente. Postkarte 1906

Rückseite: Ortskarte von Harald Rockstuhl.

Bisherige Auflagen:
1. Auflage im Jahr 2007 und 2. Auflage 2011 sowie die 3. Auflage 2015 im Verlag Rockstuhl mit der ISBN 978-3-938997-74-1

4. überarbeitete und erweiterte Auflage 2018

ISBN 978-3-95966-384-7

Satz und Layout: Harald Rockstuhl

Fotos: Wenn nicht anders ausgewiesen von Dr. Frank Löser

Innenlayout: Harald Rockstuhl, Bad Langensalza

Druck und Bindearbeit: Digital Print Group Oliver Schimek GmbH, Nürnberg/Mittelfranken

Gedruckt auf alterungsbeständigem Papier nach ISO 9706

Die Deutsche Nationalbibliothek verzeichnet diese Publikation in der Deutschen Nationalbibliografie. Detaillierte bibliografische Daten sind im Internet über *http://dnb.d-nb.de* abrufbar.

Verlag Rockstuhl
www.verlag-rockstuhl.de

Inhaber: Harald Rockstuhl
Mitglied des Börsenvereins des Deutschen Buchhandels e.V.
Lange Brüdergasse 12 in D-99947 Bad Langensalza/Thüringen
Telefon: 03603 / 81 22 46 Telefax: 03603 / 81 22 47
www.verlag-rockstuhl.de

Inhaltsverzeichnis

Einleitung

Die altehrwürdige Bergstadt Freiberg in Sachsen feierte 2018 mit einem Festjahr den ersten Silberfund vor 850 Jahren. Dieses Erz soll Anno 1168 genau unter einer Ecke vom heutigen Rathaus (Flur vom einstigen Christiansdorf) entdeckt worden sein. Drei eingemauerte Kreuze neben dem Eingangsportal erinnern an diesen Fund. Genau gegenüber steht am Obermarkt 7, oben an der Hausecke zur Petersstraße, ein Bergmann. An dieser Stelle soll sich die erste Zeche Freibergs befunden haben.

Die Ersterwähnung Freibergs als Ortsname wird am 11. Juni 1218 als Friberch – frei von Verpflichtungen, Diensten und auch Abgaben – eine Siedlung am freien Berg dokumentiert. Darin ist auch ein wichtiges Merkmal der Stadt, die ‚Bergfreiheit' benannt.
Wrubel schreibt in seiner „Sammlung bergmännischer Sagen" aus dem Jahre 1888, dass man bereits 1171 im Meißner Lande ‚so um Loßnitz und Christiansdorf' Silbererze abgebaut habe. Es sollen die ältesten Bergwerke dieser Region sein. Nach der Erbauung einer Stadt wurde diese ‚Freyberg' und ‚das freie Bergwerk' genannt. Dies ist eine überarbeitete und regional erweiterte Auflage vom ‚Freiberger Sagenbuch'. Neu aufgenommen wurden Falkenberg, Gränitz, Stadt Groß Schirma, Kirchbach, Langenau, Oberreichenbach, Oberschöna, Seifersdorf und Weißenborn.

Das Freiberger Land, also das Gebiet rund um die alte sächsische Bergstadt Freiberg, liegt zwischen dem nördlich abfallenden Erzgebirge und dem Mittelsächsischen Hügelland. Östlich wird es begrenzt vom

Bergmann an der Hausecke am Obermarkt 7 erinnert an den Bergbau in Freiberg.

Typischer Hunt mit Gestein als Blickfang am Ortseingang der Bergstadt

Tharandter Wald und westlich vom Tal der Großen Striegis. In Nord-Süd und Ost-West-Richtung durchziehen Erzgänge das Freiberger Land. Sie machten es zu einem international bekannten Bergbaugebiet. Dort, wo schon lange kein Erz mehr gefördert wird und der Bergbau schon Geschichte ist, stößt man überall auf Zeugen dieser einst blühenden Zeit. Alte Schachtanlagen, Huthäuser oder Gesteinshalden erinnern uns an die einst mühsame Arbeit der Bergleute.

In den Städten und Dörfern sind es die heute noch erhaltenen Kunstdenkmäler. Dazu gehört auch der Dom zu Freiberg mit seiner berühmten Silbermann Orgel. Der Orgelbaumeisters Gottfried Silbermann stammt aus dieser Region; er wurde in Kleinbobritzsch, heute ein OT von Frauenstein, geboren.
Ebenso erinnern die zahlreichen Bürgerhäuser und besonders die Marktplätze der Bergstädte Freiberg und Brand-Erbisdorf an die Blütezeit. In so einem traditionellen Gebiet sind natürlich auch viele Sagen und Geschichten entstanden, von denen einzelne in diesem Buch neu gefasst und nacherzählt werden.

Die Fläche des Freiberger Landes wird mit 370 km^2 angegeben; mit den 6 Städten und den ca. 70 Dörfern und Ortsteilen. Freiberg, die größte Stadt dieses Gebietes, spielte immer eine besondere Rolle für das Umland.

Das Freiberger Land mit seinem Übergangscharakter zwischen dem Osterzgebirge und dem Mittelsächsischen Hügelland hat auch besondere Vertreter der Pflanzenwelt aufzuweisen. Bärwurz (Meum), Alantdistel (Cirsium), Hasenlattich (Prenanthes) und den Bunten Eisenhut (Aconitum) finden wir in dieser Region. Auch die Fauna hat ihre Besonderheiten in diesem Übergangsbereich, wie z.B. den Feuersalamander oder die Ährenmaus. Elstern – einst selten, es gibt sie erst seit 1937 in Freiberg – sind heute genauso weit verbreitet wie die Türkentauben. Deren erste Brut konnte in Freiberg im Jahre 1953 nachgewiesen werden.
Die Freiberger Mulde, der größte Fluss der Region, ist 124 km lang und vereinigt sich bei Colditz mit der Zwickauer Mulde zur Mulde. Die Quelle der Freiberger Mulde liegt allerdings in der Tschechei, unweit von Moldava (Moldau) in einer Höhe von 830 m. Die Täler der Freiberger Mulde und auch der Großen Striegis durchschneiden die Landschaft und zaubern damit eine reizvolle, liebenswerte und auch traditionsreiche Gegend.

Berthelsdorf

Der verborgene Schatz

Im Niederfreiwald, westlich der Straße von Berthelsdorf nach Müdisdorf, lag einst ein Wirtschaftshof. Kunz von Kaufungen, der wegen der Entführung der Prinzen Albrecht und Ernst geköpft wurde, soll der Eigentümer gewesen sein. Riesige Gewölbe hätten die Keller unterirdisch überspannt und darin, so erzählt man, liegt vielleicht auch heute noch ein reicher Gold- und Silberschatz. Schätze soll man heben und nutzbar machen. Das dachten auch einige Schatzgräber vor langer Zeit und begannen zu graben. Sie hatten schon ein schönes großes Loch gebuddelt als sie plötzlich auf ein Nest mit Kröten stießen, die allesamt feurige Augen hatten. Die Kröten blitzten mit ihren Augen und die Schatzgräber erschraken derart, dass sie alle bestürzt und ohne Beute davon rannten.

Müllerschmied hat das Hansel

Der Schmied im Dorfe Berthelsdorf hatte, so das Gerede der Einwohner, das ‚Hansel'. Das heißt, dem Dorfschmied Theodor Müller wurden übernatürliche Kräfte nachgesagt. Weshalb – das wusste keiner richtig zu erklären, es war einfach so. Vielleicht lag es am geheimnisvoll flackernden Feuer in der Schmiede und an dem besonderen Flair einer Schmiede in damaliger Zeit. Der Schmied war ein kräftiger, vom Schmiedefeuer am Körper geschwärzter Mann – und auch noch lustig, da konnte etwas nicht stimmen. Den Kindern war es nicht geheuer und sie beeilten sich, wenn sie abends in der Dämmerung am Haus des Schmiedes vorbeigehen mussten.
Er kam täglich in den Kaufmannsladen gegenüber der Schmiede und kaufte sich eine Zigarette. Er bat auch immer um ein Streichholz zum Anzünden und trug danach das noch glimmende Streichholz zur Ladentür hinaus. *„Er nimmt das Glück mit aus dem Laden hinaus"*, war die angstvolle Meinung der Besitzer. Den Einkauf verbieten konnte man ihm aber nicht, als Kunde war er ja wichtig. Solche und ähnliche Geschichten hat man über diesen Müller Schmied erzählt.

Ein Bergmann wart gerettet

Es soll sich anno 1665 so zugetragen haben. Eine große schwere Wand aus dem Hangenden (großer Gesteinsbrocken aus der Decke des Stollens) hatte sich über den Bergmann Michael Oelschlägel gestürzt und ihn völlig begraben. Er konnte nicht sprechen und sich auch nicht rühren, es schien als sei er völlig erdrückt. Seine Kameraden und auch der eilends herbei geholte Steiger waren in diesem Moment ratlos und konnten nicht mehr helfen. Sie hatten ihn allesamt Gott befohlen und dieser hatte den Bergmann auch angenommen. Die Bergleute knieten noch neben den Gesteinsmassen und beteten zu Gott für ihren Kumpel ein Vater unser, da stand dieser plötzlich vor ihnen. Er war zwar vom Gestein arg mitgenommen, zerquetscht und geschunden sah er aus, aber er lebte. Auch in den nächsten Wochen verließ ihn Gottes Hilfe nicht und er wurde wieder gesund. Noch viele Jahre hat er hernach die Arbeit als Bergmann verrichten können.

Auf der Zugspitze, zwischen Berthelsdorf und Brand-Erbisdorf gelegen, sind noch einige Bergmannshäuser gekennzeichnet und geben so ihre alte Verwendung allen Besuchern kund.

Brand-Erbisdorf

Wie „Brand“ entstand

Der Köhler Klaus lebte im Freiberger Land zusammen mit seiner Tochter Margarete. Er arbeitete rechtschaffen von morgens bis abends. Ein Gehilfe aus Thüringen unterstützte die Beiden bei ihrer schweren Arbeit und er liebäugelte auch mit der Tochter des Brotherrn. Nur, wie das Leben so spielt, sie wollte nichts von ihm wissen. Sie hatte einen Bergmann im Kopf, der in einem Schacht verunglückt war und in vielen Monaten von seiner Familie wieder gesund gepflegt wurde. Es kam also zur Verlobung und später auch zur Hochzeit. Der Gehilfe war darüber so erbost, dass er Gott und die gute Erziehung vergaß und in der Hochzeitsnacht das Haus des Köhlers anzündete. Alles brannte nieder, der Brautvater kam in den Flammen um.
Weitere Köhlerhütten wurden ein Raub der Flammen, fast zwei Tage lang brannte es. Erst ein gewaltiger Gewitterguss konnte die Feuersbrunst stoppen. Alle, die sich retten konnten, waren in Richtung Freiberg geflohen. Tage später wollten sie nach ihrem ehemaligen Wohnort

Rathaus und ein bergmännisch verzierter Giebel am Markt in Brand-Erbisdorf

schauen und sagten: „Wir gehen auf den Brand". So wurde die Siedlung Brand genannt. Die Gebeine der Toten wurden auf dem Erbisdorfer Friedhof nach christlicher Sitte ordentlich begraben.
Beim Ausschachten der Grundmauern für die neuen Unterkünfte fand ein Bergmann eine Stufe Rotgültig Erz. Dieser Silberfund war ein Glücks- oder Segensfall. Die erste angelegte Grube erhielt den Namen Segensfürst. Der Silberfund rief natürlich weitere Bergleute in diese Gegend. Berghütten, Wald und Zechenhäuser entstanden in loser Anordnung.
Herzog der Bärtige erließ 1515 eine Verordnung und vereinigte alle Häuser auf dem Brand zu einer Gemeinde „Brand".

Arme Stadt Brand

Die Kinder sangen und spöttelten über die Stadt Brand immer mit folgendem Reim:

„Brand ist eine arme Stadt,
weil es keine Kirche hat".

Erst anlässlich der Vereinigung mit Erbisdorf zur Bergstadt Brand-Erbisdorf (01.04.1912) kam eine Kirche ins Gemeinwesen, die auch heute noch die Christen zum Gottesdienst einlädt.

Spottgeschichte

„Auf dem Brande sitzen die Bergleute in der Weste,
aber ohne Hemd am Fenster.
An der dem Fenster zugekehrten Seite tragen sie
einen weißen Leinenärmel, um den Anschein eines
Wohlgekleideten zu machen."

Lümmelätsch

In früheren Zeiten waren auch die Kinder gezwungen mit zum Lebenserhalt der Familie beizutragen. Bereits mit zwölf Jahren gingen sie zur Arbeit als Gruben- oder Bergjungen. Sie sortierten Erz und taubes Gestein voneinander. Aus dieser Arbeit hatte sich in den Jahren ein Brauch entwickelt, der wohl heute nur noch den ältesten Einwohnern bekannt ist.

Am Johannistag (24.06.) zog ein Teil der Kinder mit Ruß verschmierten Gesichtern und alten Sachen verkleidet durch die Straßen der Stadt. Hier wurden sie bereits von nicht verkleideten Kindern erwartet und diese riefen „Lümmelätsch". Die so verspotteten wehrten sich mit Ruten, Besen und Ausklopfern. Es soll aber nie zu bösen Auseinandersetzungen gekommen sein, beide Seiten hatten an diesen Foppereien großen Spaß. Ursprung dieses Spiels soll, wie berichtet wird, die Arbeit der Kinder im Bergbau gewesen sein. Am besagten Johannistag wurde jedes Jahr ein Wettbewerb unter den Kindern ausgetragen: wer am schnellsten seinen Erzkorb gefüllt hatte. Der Sieger wurde zum „Staatslümmel" erkoren, mit einem Kranz geschmückt und mit viel Hallo auf seinem Heimweg begleitet. Den letzten Platz bei diesem Wettbewerb belegte der „faule Lümmel", für ihn blieben nur Spötteleien übrig.

Hüttenmops

Der Hüttenmops machte sich in früheren Zeiten in verschiedenen Gestalten bei den Leuten als unliebsames Gespenst bemerkbar, oft als

In dieser Kirche zu Erbisdorf finden auch zur Adventszeit die Bergmetten statt.

riesengroßer schwarzer Pudel. Dieser hatte feurig leuchtende Augen und wurde immer als böser Geist angesehen. Er wurde nicht nur auf dem Erdboden umherspukend gesehen, sondern auch auf Bäumen sitzend. Er brachte nur Leid über die Menschen. Zwischen Brand-Erbisdorf und Freiberg hat sich auch öfter ein Hüttenmops gezeigt, ebenfalls als großer schwarzer Pudel. Die Leute, die mit ihm in Berührung kamen, hielten ihn für einen ruhelosen Bergbeamten der ohne Rast und Ruh immer zwischen den verschiedenen Gruben umherwanderte.

Bergmann wird gerettet

Grubenunglücke fordern oft Menschenleben und es geschehen auch Wunder, wenn Bergleute aus dieser Notsituation gerettet werden. Anno 1581, am 19. September, geschah im St. Stephan Schacht am Goldberg bei Brand ein Unglück. Dabei wurden vier Bergleute verschüttet. Vier Tage lang und auch nachts arbeiteten die anderen Bergleute daran, die Verschütteten zu befreien. Sie konnten sich durcharbeiten, doch für drei ihrer Kameraden kam die Hilfe zu spät. Der vierte, Georg Strobel, konnte lebend geborgen werden. Er habe, so seine Aussage, in einem schmalen engen Querschlag gelegen. Eine kleine helle Flamme die sich immer auf und nieder bewegte habe ihn erfreut. Die Stunden hat er ohne Speis und Trank überstanden und er hatte zudem noch frische Luft – so seine Worte. Diesen Bergsturz hat Georg Strobel noch viele Jahre überlebt.

Viele Orte im Erzgebirge, hier Brand-Erbisdorf, ehren das Andenken der Bergleute würdig.

Die Puppe

Vor langer Zeit lebte in Brand eine wohlhabende Witwe, Besitzerin vom „Gasthof zum Erbgericht“. Sie hatte eine siebenjährige Tochter, die ihr ein und alles war. Zum Weihnachtsfest schenkte sie ihr eine lebensgroße Puppe, doch die erwartete Freude des Kindes über dieses Geschenk blieb aus. Sie spielte auch nicht damit und zu allem Überdruss wurde das Kind auch noch krank. Scharlach hieß die Diagnose und noch in den zwölf Nächten hauchte sie ihr junges Leben aus. Die Puppe wurde nun für die Mutter zum Kindesersatz. Sie wurde früh und abends fein angezogen, saß mit am Tisch und ihr wurden alle Speisen und Getränke serviert. Aber die Mutter überlebte diesen Schicksalsschlag nicht lange und folgte ihrer Tochter in den Himmel. Gerüchte über das Ableben der Frau kursierten nun durch die Stadt. Keiner wusste etwas genaues, aber alle redeten mit. Man wollte auch bemerktte haben, wie die in einer Truhe liegende Puppe in der Nacht aufstand, sich anzog und durch die Zimmer ging. Die Mitbewohner des Hauses hatten Angst und trauten sich nachts nicht mehr über den Flur. Sogar am Wochenende zum Tanz war sie dabei und ging den jungen Männern und Mädchen hinterher. Erst war das Gruseln ganz groß, aber mit der Zeit gewöhnte man sich an die Puppe.

Dem neuen Wirt des Gasthofes gefiel diese Sache gar nicht. Er beauftragte eine alte Frau aus St. Michaelis, die auch ‚Ladenhexe‘ genannt wurde, um Abhilfe. Sie sprach eine Verwünschungsformel über diese Puppe, die aber nicht half; die Puppe ging weiterhin umher. Aber nach ein paar Tagen verstarb die Alte plötzlich. Nun wurde ein Tagelöhner beauftragt. Er lud die Puppe auf seine Schubkarre und fuhr damit in den Spitalwald. Er grub ein Loch und ein starkes Gewitter zog plötzlich auf. Er ließ sich nicht stören und begrub die Puppe darin. Bereits auf dem Heimweg holte ihn die Puppe aber schon wieder ein – und der Schreck war riesengroß. Er legte sich ins Bett und nach drei Tagen hatte er ausgelitten; der Tod hatte ihn geholt. Danach wurde es ruhig um die Puppe. Als jedoch das Erbgericht neu aufgebaut wurde sollen Bauarbeiter eine Puppe gesehen haben, die auf den neu errichteten Grundmauern tanzte.

Schatz im Niederfreiwald

Unweit von Brand-Erbisdorf liegt der Niederfreiwald. Hier soll einst ein Bauernhof oder gar eine kleine Burg gestanden haben, die aber schon lange verwüstet ist. Erzählungen wiesen immer wieder daraufhin, dass hier noch ein Schatz vergraben sei; denn dies soll alles dem Ritter Kunz von Kaufungen, auch als Prinzenräuber bekannt, gehört haben. Genaues weiß man aber nicht. Waldarbeiter sollen bei ihren Arbeiten auch schon aus einem alten Keller manches ‚wertvolle' Stück hervor geholt haben. Auch Schatzräuber haben hier – so die mündlichen Überlieferungen – versucht, den vermeintlichen Schatz zu heben. Ein großes Loch hatten sie schon gegraben, als sie auf ein riesiges Nest mit Kröten, die allesamt feurige Augen hatten, stießen. Der Aufschrei und die Bestürzung waren groß, der Mut zum Graben war weg und die Schatzsucher rannten davon.

Bräunsdorf

Physikalischer Schwerpunkt von Sachsen

Die Gemeinde Bräunsdorf kann etwas nicht Alltägliches aufweisen. Im oberen Tal der Striegis, nur einige Schritte vom Wasserturm entfernt, liegt der historische physikalische Schwerpunkt von Sachsen, unter Zugrundelegung der Grenzen von 1815–1945.

Physikalischer Schwerpunkt am Wasserturm in Bräunsdorf

De Feierung vergassen

Es gibt Geschichten, die gibt es eigentlich gar nicht, aber sie zu verschweigen wäre auch nicht richtig. Man kann sich doch so schön darüber amüsieren.

Der Ofen in der Waschküche von Emilie hatte ausgedient. Über viele Jahre hinweg hatte er Wasser zum Wäschewaschen oder zum Baden der ganzen Familie – jeden Freitag ein fast feierlicher Akt – heiß gemacht. Nun war er kaputt und ein neuer Ofen musste gemauert werden. Na, das war doch ein Auftrag für den Baumeister Emil Schnell. Er kam und trug am ersten Tag fein säuberlich und ohne viel Schmutz zu hinterlassen den alten, brüchigen Ofen ab. Am zweiten Tage sollte der neue Ofen aufgemauert werden – und es wurde begonnen. Bereits früh am Morgen begann Emil Schnell ganz allein mit der Arbeit und legte zuerst den Grundstein. Ein Stein, ein Kalk und dazu – ganz feierlich – ein kräftiger Schluck aus der Taschenflasche. Der Stein saß und es folgten bis Mittag noch viele, darunter auch noch etliche Grundsteine. Emil war gar fröhlich und ließ im Wirtshaus „Striegistal" seine Flasche zur Mittagszeit erneut füllen. Die Arbeit und auch das Setzen weiterer „Grundsteine" gingen flott voran. Abends war die neue Feuerstelle fertig, der Kessel eingesetzt und alle wurden zur Begutachtung gerufen. Man freute sich, alle lobten die gute Arbeit und darauf stieß man natürlich auch mehrmals an. Nun wurde es Zeit für Emil seine Sachen zu packen und den Heimweg anzutreten, aber etwas stimmte nicht. Die anderen wiegten die Köpfe und tuschelten. Emil ging auf sie zu und

Oberdorf Bräunsdorf um 1910. Postkarte: Sammlung Harald Rockstuhl

wollte fragen, doch der Hausherr kam ihm zuvor: „Sag mal Emil, wo ist denn das Feuerloch zum Heizen des Ofens?“ Emil wurde blass und schaute verdattert drein: „De Feierung – die wersch wohl vergassen hom“. Kleinlaut sprach er weiter: „Ich reiß ihn morgen wieder ab und bau ihn richtig wieder auf“. Am nächsten Morgen und zwar sehr früh war der Baumeister wieder vor Ort. Ohne Zeremonie und ohne Schluck – aber mit Feuerung – stand am Abend der neue Ofen da. Emil präsentierte das „Feierloch“ und dann gab es doch noch einen Schnaps.

Lauschender Obersteiger

Auch Obersteiger hatten manchmal schlechte Eigenschaften. Der in Bräunsdorf verantwortliche Obersteiger fuhr immer heimlich hinter den Bergknappen in die Grube ein, um ihre Gespräche während der Arbeit zu belauschen und auszuspionieren. Sah er, dass sich ein Häuer bei der Arbeit ausruhte, verhängte er Strafschichten. Das zusätzlich erwirtschaftete Geld kam natürlich in seine Tasche. Nun hatte wieder einmal den Bergleuten zugehört und wollte über Tage fahren, um sich Strafmaßnahmen zu überlegen. An der Fahrt angekommen sah er plötzlich drei Fahrten vor sich. Er wusste aber genau, es gab nur eine. Nach hinten blickend sah er auch dort drei Fahrten. Nun war er verunsichert und ratlos, wollte aber nicht bis Schichtschluss warten. Er nahm einfach die mittlere Fahrt und das war auch die Richtige. Er kam glücklich nach oben, aber das war für ihn eine Lehre. Er ist nie wieder eingefahren, um seine Häuer zu belauschen.

Bräunsdorf um 1917. Postkarte: Sammlung Harald Rockstuhl

Häuer sieht Berggeist

Zwischen Bräunsdorf und Freiberg liegt das Wäldchen Struth und hier war früher auch ein Bergwerk. Nach der Nachtschicht wollte der Häuer ausfahren und hörte tapsende Schritte. Als die Tür von allein aufging sah er einen Lichtschein. Er ging in Richtung Tür auf die seltsame Erscheinung zu, aber sie war nicht mehr sichtbar. Als er sich entfernte, hört er es wieder tapsen und die Tür ging wieder auf und zu. Noch einmal nachschauen hat er sich in dieser Stunde aber nicht getraut.
Zu Beginn der nächsten Schicht ging der Berggeist wieder um, der Häuer sah ihn auf- und niederfahren. Eine ganze Weile dauert das nun schon, dann war alles so schnell vorbei wie es begonnen hatte. Dieser Berggeist war etwa zwei Ellen groß und hatte eine gelbe Blende umhängen. Sie war nicht angezündet, hatte aber so einen hellen Schein, als ob sie es wäre.

Großmutters Traum

Manche Verwandte haben ein sehr inniges Verhältnis zueinander. Wenn einem etwas zustößt merkt dies der andere, ohne genaue Zusammenhänge zu wissen. Das ist eben so.
In Bräunsdorf lebte ein Junge bei seiner Großmutter. Er begann im Jahre 1760 eine Lehre bei einem Schuhmacher in Freiberg. Es dauerte gar nicht lange und von diesem Jüngling war keine Spur mehr zu finden. Die Schustersleute sagten, er sei davon gelaufen. In Bräunsdorf war er aber nicht angekommen. Die Großmutter wollte es auch nicht glauben, dass ihr Enkel einfach ausgebüxt war, ohne von ihr Abschied zu nehmen oder wenigsten eine Andeutung zu machen. Es beschäftige sie Tag und Nacht wo ihr Enkelsohn sein könnte. Eines Nachts erschien ihr der Geist des Jungen im Traum und gab sich deutlich zu erkennen. Er sagte ihr auch, er sei nicht davongelaufen. Der Sohn des Schusters habe ihn mit einer Leiste erschlagen. Nun liege er, vom Meister und seinem Sohn verscharrt, in Freiberg in einer Scheune unter der Tenne. Die Großmutter sprach über ihren nächtlichen Traum mit den Nachbarn und nach einer Weile erfuhr auch das Amt in Freiberg von dieser Geschichte. Im Januar anno 1762, es war fast Gras über das Geschehene gewachsen, wurden der Meister, seine Frau und auch der Sohn verhaftet und verhört. Die Schandtat kam ans Tageslicht, denn Gottes Mühlen mahlen langsam, aber gerecht. Alle Drei gaben ihre Mitwirkung an dem Verbrechen zu und bekamen ihre Strafe.

Rache durch die Pest

Der Dreißigjährige Krieg hat auch in unseren Breiten seine Spuren hinterlassen - wie immer in vielfältigster Form. In einer stürmischen Nacht mit Blitz und Donner, in der es jedem nur so grauste vor die Tür zu gehen, klopfte ein Landsknecht an. Mathes, zu dieser Zeit Totengräber in Bräunsdorf, erschrak zwar etwas, aber umwerfen konnte das ihn nicht. Er ließ den Krieger ein und schüttete extra für ihn ein frisches Strohlager auf. Der Landser ließ sich auch gleich darauf nieder um zu schlafen. Mathes, der noch einmal zu ihm blickte, sah gerade noch wie der einen kleinen Lederbeutel unter das Stroh schob. Oh, sollte er etwa reiche Beute gemacht haben bei seinen Streifzügen durch das Land? In Mathes wuchs die Gier nach diesem Beutel und er wartete bis der Landsknecht eingeschlafen war. Er schlich sich heran und tötete den Mann. Noch im Sterben röchelte dieser: „Das soll dir Gott lohnen mit meiner Pest". Und Gott lohnte es gar reichlich!
Im Beutel waren zwei Würfel, die sieben Augen zeigten und ein Groschen. Das Geldstück nahm er, den Rest warf er achtlos weg. Sieben Augen, das war ein böses Zeichen, aber Mathes übersah es in seiner lodernden Gier. Das Unglück folgte auf dem Fuße. Wenige Tage später wurde seine Frau krank und starb kurz darauf, ihr folgte seine einzige Tochter. Im Dorf war die Pest* ausgebrochen. Diese Seuche holte viele Menschen frühzeitig ins Grab und Mathes hatte als Totengräber viel, viel Arbeit. Ein einziger Mann, der krank und hinfällig war, lebte nun außer Mathes noch in Bräunsdorf. Mathes war jetzt der Besitzer aller Häuser und Ställe, der Felder und Wiesen, der Weiden und auch des Waldes. Die Gier nach so viel Reichtum ließ ihn ein letztes Mal lächeln, dann holte auch ihn die Pest.

**Die Pest hat in den Jahren 1632/33 im Kirchspiel Langhennersdorf, zudem auch Bräunsdorf gehörte, 792 Menschen hinweggerafft.*

Wiese „schlammige Frau"

Wenn die Geschichten und Überlieferungen aus dem 30-jährigen Krieg stimmen, war dies eine fürchterliche und schlimme Zeit für die Bauern und Landbevölkerung. Es kamen die Schweden und raubten, mordeten oder vergingen sich an den Dörflern. Waren diese weg kamen dann die kaiserlich-kroatischen Söldner; die Pein war wieder die Gleiche. Nur

ein Bauernhof blieb wie durch ein Wunder immer unversehrt. Zwischen Bräunsdorf und Riechberg lag hinter dichtem Buschwerk versteckt der Bauernhof den die Söldner, warum auch immer, übersahen. Es muss auf diesem Gehöft sehr einsam gewesen sein, denn die junge Maid hielt es dort nicht länger aus und büxte aus. Kaum war sie auf offenem Gelände, wurde sie von einem Kornett aufgegriffen und auf sein Pferd gebunden. Mit seiner Beute ritt er zu seiner Truppe, das Hallo war groß. Gleich wurde ein Lagerfeuer entzündet, es wurde gezecht und erzählt. Dabei lockerte sich auch die Zunge des Mädchens und sie erzählte vom Hof ihrer Eltern. Kaum waren ihre Worte verklungen, da brachen die Söldner auf in Richtung Bauernhof. Die Mutter floh, der Vater stellte sich der Übermacht zum Kampf. Das war ein völlig sinnloses Unterfangen, er starb auf dem Hof seines Anwesens. Die Gebäude wurden geplündert und alles ging in Flammen auf.
Der Kornett wollte das Mädchen zur Frau doch kein Pastor, in welchem Ort er auch seine Bitte vortrug, gab ihm den Segen. Ein Marketender erklärte sich bereit und legte die Hände zum ehelichen Bunde ineinander. Heimwärts ging es nun wieder in Richtung Striegis. Der Kornett war im Überschwang der Freude nicht mehr Herr seiner Sinne und jagte mit der Kutsche durch die Wiesen der Striegis, die immer schlammiger und nasser wurden. Die Räder sanken immer tiefer ein und nach kurzer Zeit versanken die Kutsche und alle Personen im Morast. Am nächsten Morgen wurde nichts mehr davon gefunden. Seit dem Tag wird diese sumpfige Wiese am rechten Ufer der Striegis auch „die schlammige Frau“ genannt.
Der Name dieses Flurstücks ist den Einheimischen auch heute noch bekannt. Ein Wanderweg führt an der „schlammigen Frau“ vorbei.

Geisterreiter

Einige Bergleute aus Bräunsdorf hatten ihr Tagewerk von morgens 5 Uhr bis nachmittags 3 Uhr vollbracht, nun gingen sie im herrlichen Sonnenschein nach Hause. Am Kreuzweg verabschiedeten sie sich von ihren Kameraden aus Langhennersdorf. Etwa dort, wo heute noch die Reste des Haltepunktes der Eisenbahn in Kleinwaltersdorf zu sehen sind und es heute noch Getränke gibt, gab es anno dunnemals die Struthenschänke. Fuhrleute, Wanderer und auch heimkehrende Bergleute setzten sich gern an die Tische der Kneipe und tranken einige Bierchen. So auch die Männer nach ihrer schweren Schicht. Wie es so

Bräunsdorf und das Strigistal um 1910. Postkarte: Sammlung Harald Rockstuhl

manchmal ist, beim Kartenspiel und auch beim Trinken einiger Bergmannsschnäpse verging die Zeit wie im Flug. Zu sehr später Stunde brachen sie auf, um nach Hause zu ihren Familien zu gehen. Plötzlich, es war so am Wegefahrter Wald, vernahmen sie hinter sich Hufschlag. Kaum hatten sie sich umgedreht, sahen sie einen Geisterschimmel auf sich zu kommen. Der Reiter des Pferdes hatte keinen Kopf. Wie aus einem Munde schrieen die Bergleute gleichzeitig: „Der Philipp ohne Kopf". Einer warf sich auf dem Boden, damit er von diesem Reiter nicht umgeworfen werde. Doch der Schimmel setzte zum Sprung an und mit einem gewaltigen Satz sprang er über die Männer hinweg. Er war genau so schnell wie er gekommen war wieder verschwunden.

Die seltsame Anfahrt

Beim Einfahren der Bergleute in die Grube gab es immer ein ganz bestimmtes Glockenzeichen. Auch zu Beginn der Schicht in einem der Bräusdorfer Bergwerke war es so. Fuhren hohe Beamte ein, wurde anders geläutet. Einerseits als Ehrenzeichen für den hohen Besuch und andererseits für die Bergleute im Schacht zur Information, dass heute hohe Beamte auf der Strecke Untertage waren. Es wurde auch „Große Fahrt" genannt.

Nun, die Bergleute waren schon längst bei der Arbeit, ertönte besagtes Glockenzeichen. Zwölf feine Herren, allesamt in altmodischen Anzügen, erschienen kurz darauf im Schacht, gingen die gesamte Strecke ab und besichtigten alles. Nach diesem Rundgang fuhren sie wieder aus. Bei Schichtwechsel fragten die Männer aus dem Schacht, was denn das für feine Herren gewesen seien, die den Schacht so eingehend inspiziert hätten. Ungläubig schauten die Bergleute von Übertage die Fragenden an, hier sei niemand eingefahren. Die Kumpel Untertage hatten es genau gesehen, aber Übertage war kein besonderes Ereignis verzeichnet.

Unheil steht bevor

Der Häuer Weinhold konnte Unglücksfälle ahnen und vorhersagen. Morgens, noch vor Schichtbeginn, wandte er sich an seine Bergarbeiter und sprach ganz ruhig und doch eindringlich: „Hört Kameraden, ich will euch was sagen! Es ist wieder ein Unglück auf dem Wege! Seht euch vor!" Die Bergleute meinten dazu, na wenn es der Weinhold sagt, dann ist schon was dran.

Kaum waren einige Tage, meist zwei bis drei, vergangen, da war das Unglück auch schon eingetreten. Mal war einer schwer hingefallen, eine Wand stürzte ein oder ein anderes Unglück geschah. Als er wieder einmal warnte passierte es auch gleich darauf. Beim Schmieren eines Zapfens an der Wasserkunst wurde einem Unaufmerksamen gleich der ganze Kopf zerquetscht. Weinhold hatte das Unheil vorher gesagt.

Wenn es irgendwo pochte oder klingelte, oder wenn man Metallschläge unter Tage hörte, waren das für die Bergleute immer Zeichen für etwas Ungewöhnliches oder für ein bevorstehendes Unglück.

Die Galgenlinde

Auf der Flurgrenze von Bräunsdorf zu Kaufungen stand einst ein Galgen. Hier wurde Gericht gehalten und das Urteil meistens auch gleich vollstreckt.
Ein Dieb der wegen seiner Taten überführt war, sollte just an diesem Tage am Galgen enden, entschieden die Richter. Der Verurteilte schrie laut gegen das Urteil an: „Ich bin unschuldig“, rief er immer wieder, aber es half nichts. Den Henker, der zur Ausübung seines Amtes schon vor ihm stand, stieß er zur Seite. Dann bückte er sich schnell, entriss dem Erdboden einen jungen Lindenschössling und grub ihn verkehrt herum wieder in die Erde ein. Dabei rief er aus: „So wahr die Linde – mit den Zweigen in die Erde gepflanzt – wurzeln, wachsen, blühen und gedeihen wird, so wahr bin ich unschuldig. So sicher werdet ihr einen Unschuldigen ermorden!“ Ein leises Murren kam nun aus der erstaunten Menge. Aber es half nichts, der Richter gab das Zeichen und der Verurteilte hing am Galgen.
Das Bäumchen schlug alsbald aus und entwickelte sich in den folgenden Jahren zu einem prächtigen Baum. Im Volksmund wurde er fortan nur „Galgenlinde“ genannt.

Wasserturm

Der Wasserturm steht nahe dem Wäschberg auf 400 m Höhe. Er ist insgesamt 29 m hoch und lieferte von 1906–1997 Trinkwasser für das Erziehungsheim im Ort. Es wird erzählt, dass frechen Kindern stets der weithin sichtbare Wasserturm mit seinem Finger (das kleine 4 m hohe Türmchen) gezeigt wurde. Dazu wurde angedroht: …wenn du weiterhin so ungezogen bist, kommst du nach Bräunsdorf in die Erziehungsanstalt.
Der Turm wurde in Stahlskelettbauweise erbaut und später mit Ziegelsteinen ausgemauert. Insgesamt verkörpert der unter Denkmalschutz stehende Turm den neoromanischen-historischen Stil.

Weithin sichtbar ist der imposante Wasserturm in Bräunsdorf.

Conradsdorf

Steinkreuz

In Conradsdorf gibt es ein Steinkreuz, das als Sühnekreuz für eine begangene Schandtat gilt.
An der Umfassungsmauer des Friedhofes, direkt neben dem Eingang zum Kirchhof, befindet sich ein Sandsteinkreuz mit eingeritztem Spieß. Dieses Motiv ist von mittelalterlichen Mord- oder Sühnekreuzen bekannt. Es soll an einen Küster erinnern, der einen Kirchenräuber überrascht und getötet haben soll. Das Kreuz wurde 1937 am Giebel der Pfarrhofscheune wieder entdeckt und ist bis heute gut sichtbar – mit Erläuterungstafel – aufgestellt.

Steinkreuz am Friedhof in Conradsdorf.

Falkenberg

Brücke und Zar

Eine Brücke überspannt die Bobritzsch, auf Befehl des Kurfürsten August von Sachsen im Jahre 1567 erbaut.

Unweit von dieser Brücke befuhr Zar Peter I von Russland am 17.10.1711 den „König – August Erbstolln“. Dort schürfte er erfolgreich nach Silber.

Tafel über dem Mundloch des Schachtes, das sich auf Privatgelände befindet.

Freiberg

Ursprung und Herkunft von uns Sachsen

Eine alte Volkssage gibt darüber Auskunft: Die ersten Sachsen sind mit ihrem ersten König Aschanes, Askanier genannt, aus einem Felsen im Harz – mitten in einem grünen gesunden Wald – aus einer süßen Quelle gewachsen.
Und dazu gibt es nicht nur bei Handwerkern den Spruch:

Darauf so bin ich gegangen nach Sachsen,
wo die schönen Mägdelein auf den Bäumen wachsen;
Hätt ich daran gedacht,
so hätt ich mir eins davon mitgebracht.

Es wird auch beschrieben, dass die Sachsen große scharfe Messer im Kampf bei sich trugen. Das waren einschneidige Hiebschwerter, die man auch Sax nannte. Diese Waffen sollen Grundlage für die Namensgebung gewesen sein.

Wie Freiberg entstand

Im Jahre 1168 – die Jahresangaben zum Ereignis sind Widersprüchlich – nahm in Freiberg, dem damaligen Christiansdorf und den Sagen nach auch in Loßnitz (wohl früher „Lusitz" geheißen), der Bergbau der heutigen Bergstadt seinen Anfang. In der Wasserturmstraße, genauer am Schüppchenberg Haus 34, erinnert eine Gedenktafel an dieses Ereignis.

Erstfund von Silber am Schüppchenberg in Freiberg.

Einst beförderte ein Fuhrmann aus dem Harz, wahrscheinlich aus Goslar, eine Fuhre Salz von Halle/Saale nach Böhmen. Es wird auch von mehreren Fuhrleuten berichtet die, aus Zellerfeld und Wildemann kommend, Blei nach Böhmen fuhren. Ebenso wird von einem sächsischen Fuhrmann als Gespannführer und Fuhrleuten aus Halle an der Saale erzählt, die auf ihrem Weg mit ihrer Fracht eine Stufe reichen Erzes fanden.
In diesem Bereich kam in einer Wagenspur ein silbrig glänzendes Erz zum Vorschein. Es soll dem Goslarschen Glanz oder Bleischweif recht ähnlich gesehen haben. Man nahm ein Stück mit und bewahrte es sorgfältig bis zur Ankunft im Heimathaus auf. In Goslar wurde das Geschiebe untersucht und festgestellt, dass es mehr Silber als das Erz aus dem Harz enthält. Ob es sich dabei um Argenit oder Galenit handelte, ist heute nicht mehr nachweisbar. Bergleute aus Zellerfeld und Goslar zogen nun in die besagte Gegend, schürften nach Silber und wurden reichlich fündig. Die ersten Gruben und Stollen wurden angelegt; die ersten Häuser der „Sächsstadt" entstanden.
Es war die Ansiedlung der Sachsen und diese kamen – so die Niederschriften – aus dem Großraum Goslar, denn dort befand sich das Land

Im Gebiet der heutigen Wasserturmstraße/Donatsgasse entstand im 12. Jahrhundert die Ansiedlung zur heutigen Bergstadt Freiberg. Ansichtskarte von 1920. Sammlung: Frank Löser

Sachsen. Sie wohnten in und um Christiansdorf und bauten es zur Sachsen- oder auch Sächsstadt aus.
Erst später wurde diese Ortschaft in Freiberg umbenannt.

In einer alten damals zeitgenössischen Chronik war zu lesen: *„... dass Schwärme von zwielichtigen Abenteurern aber auch von hoffnungsvollen Bürgern gen Freiberg unterwegs waren ... als wie zu einer Wallfahrt“.*

Es geschahen auch Zeichen und Wunder damals, in den Jahren von 1163 bis 1173. Man meinte, man hätte drei Sonnen gesehen, auch etliche Wundersterne und brennende Fackeln; Blutregen und stürmende Blitze samt Donner. Gut daran war, dass der aufblühende Bergsegen dadurch keinen Schaden nahm.

Sprüche

Freiberg gefiel den Besuchern nicht nur wegen seines Reichtums und des Bergbaues, sondern auch wegen seiner schönen landschaftlichen Lage.
So sagt ein altes Sprichwort: *„Wenn Leipzig mein wäre, so wollt ich es in Freiberg verzehren“.*
Über das Freiberger Bier sprach man: *„Es kitzelt einem in der Nase, wie das Freiberger Bier“.*
Auch Nachdenkliches gab es in Reimen:

„Meißen wird ertrinken,
Freiberg wird versinken,
Dresden wird man zusammenkehren mit Besen“.

Meißen ist glücklicherweise noch nicht ertrunken, wurde aber durch Elbehochwasser bereits viele Male in Mitleidenschaft gezogen; Freiberg versank zwar nicht ganz, ist aber durch die unterirdische Tätigkeit schon oft an verschiedenen Stellen eingesunken und Dresden musste 1945, nach den anglo-amerikanischen Luftangriffen, mehr als „zusammengekehrt“ werden.
Diese Sprüche sollen bereits aus dem 16. bzw. 17. Jahrhundert stammen.

Die reiche Köchin

Die ältesten Gruben im Freiberger Land, so wird berichtet, sollen im Loßnitz- oder heutigen Münzbachtal entstanden sein. In Christiansdorf selbst war eine sehr alte Grube, der Stubenberg, vorhanden. Hier wird nun erzählt, dass die Köchin des Klosters Altzella – oder eine der Köchinnen – das Grubengebäude mit eigenen Händen errichtet haben soll. Sie hat wohl auch das meist flach liegende Silbererz selbst abgebaut. Wie dem auch sei, sie soll jedenfalls durch diese schwere Arbeit sehr reich geworden sein.

Johannes im Korbe

Nicht immer geht es auf der Welt friedlich zu. Im Bergstädtchen gab es Anno 1510 mächtigen Zwist zwischen den Bergleuten und der Geistlichkeit. Nicht nur in Freiberg, sondern im ganzen Erzgebirge war die Unruhe weit verbreitet. Der damalige Herrscher Herzog Georg (1471–1539) hatte alle Hände voll zu tun. Um die Unruhen nicht noch weiter ausufern zu lassen herrschte er mit aller Strenge. Was war geschehen? Bergleute hatten ein derbes Spottlied gegen den Handel mit Ablassbriefen verfasst und es „Johannes im Korbe" genannt. Die Verbreitung dieses Liedes ging im Land schnell voran. Das ging der Geistlichkeit zu weit. Drei Jahre davor hatte Tetzel eben mit diesem Ablasshandel noch über 2.000 Gulden eingenommen. Er argumentierte: „Sobald das Geld im Kasten klingt, die Seele aus dem Fegefeuer in den Himmel springt". Und in den Himmel wollten alle. Im Jahre 1517, als Tetzel wieder einmal die Bergstadt besuchte und Ablassbriefe verkaufen wollte, wurde er aus der Stadt gejagt.
Die Aufruhr, die bereits am 03. April 1510 in Freiberg zwischen einigen Bergleuten und der Geistlichkeit ausbrach, hatte auch Tote zur Folge.

Bergmännischer Streittag

Der 20. Juli, der „Tag Maria Magdalena", war für die Freiberger Bergleute jedes Jahr ein besonderer Bergfeiertag. Nach dem Besuch des Gottesdienstes im Dom versammelten sich die Bergleute am Hungerborn, einer Wasserquelle im Hospitalwald. Diese Quelle lag unweit der Grube „Beschert Glück", im Ratswalde gelegen.
Magdalena Sybille (1586–1659), die 2. Ehefrau des Kurfürsten Johann Georg I. (1585–1656), in deren Ehe der spätere Kurfürst Johann Georg

II. (1613–1680) geboren wurde, hatte einst hier im Ratswalde ihren Namenstag gefeiert. Dabei hatte sie den Wunsch geäußert, dass die Bergleute ihren Namenstag jedes Jahr hier feiern sollten.
Im Jahre 1737 wurde die Idee laut, die Bergleute sollten diesen Tag doch auf den Sonntag verlegen. Es gab Unruhe und Aufruhr und die Bergleute erstritten die Beibehaltung der Tradition dieses Festtages. Ein uralter Feiertag war gerettet und er wurde auch noch nach der Einführung der Reformation beibehalten. Als die Witwe des Kurfürsten verstarb wurde der Tag sogar zum bezahlten Feiertag. Die Bezeichnung ‚Streittag' gibt es den Überlieferungen nach erst ab 1842.

Einbruch in der Nonnengasse

Von einem Raub soll hier nicht berichtet werden, sondern vom Einsturz eines unterirdischen Stollens. Anno 1602 brach in der Nonnengasse die Erde zusammen, gerade in dem Moment als eine Jungfrau mit einem Kinde auf dem Arm (so berichtet es jedenfalls die Sage) Brot aus dem Schrank nehmen wollte. Das Haus fiel zusammen und begrub Jungfrau und Kind unter den Trümmern. Diese und andere Einbrüche der Erdoberfläche, die immer wieder auf unterirdische, nicht ordnungsgemäß verwahrte Schächte und Gänge hinwiesen, hat die Auffassung geprägt: „Freiberg ist unterirdisch löchrig wie ein Schweizer Käse". Auch in späteren Zeiten hat es Einbrüche gegeben. Als man etwa Mitte des vergangenen Jahrhunderts die Bahnhofstraße instand setzte, stürzte ein Teil der Straßendecke ein. Ein großes, viel bestauntes Loch war zu sehen. Die alte These erhielt damals viel neue Nahrung.

Haberberger belohnte Treue

Kaiser Adolf (* vor 1250–1298) hatte Markgraf Friedrich den Freidigen († 1323) besiegt und dieser zog nun mittellos und elend durch sein Land. Nur einen Diener hatte der arme Markgraf bei sich. Nun kam er auch ins Freiberger Land zu einer Schmelzhütte, die von einem Mann namens Haberberger betrieben wurde. Der Markgraf erkundigte sich, wem denn das ganze Silber gehöre. Haberberger gab ihm genaue Auskunft. Danach führte ihn der verkleidete Markgraf allein vor die Schmelzhütte und gab sich zu erkennen. Der Markgraf fragte auch nach dem Silber. Haberberger hat ihm sein Silber willig gegeben und noch mehr. Wenn er in den nächsten Tagen weiteres Silber aus dem Erz geschmolzen hätte solle er seinen weiteren Anteil haben. Auch weitere

Freiberger schenkten dem Markgrafen heimlich von ihrem Silber. Friedrich warb mit diesem Silber neues Kriegsvolk an und konnte so in seinem eigenen Land wieder sesshaft werden. Haberberger hat er aber nicht vergessen. Ihn hat er reichlich beschenkt und ihm auch manche Freiheit, die andere Bürger nicht besaßen, zugestanden.

Tapferer Rat

Die Stadt Freiberg gehörte nach der Teilung des Landes – vollzogen von den Söhnen Friedrichs des Streitbaren – dem Kurfürsten Friedrich und dem Herzog Wilhelm gemeinsam. Bei Ausbruch des sechs Jahre dauernden Krieges war natürlich die Bergstadt manchmal in einer besonders prekären Lage. Im Frieden zwei Herren gleichzeitig zu Dienen hatte schon seine Tücken, aber im Krieg zwei gekrönten Häuptern ist fast unmöglich. Mitten in den kriegerischen Auseinandersetzungen, man schrieb das Jahr 1446, kam nun Kurfürst Friedrich nach Freiberg und hielt mit starker Heeresmacht auf dem Markte sein Lager ab. Ein Herold musste nun die Botschaft an den Rat ausrufen: „Zur Bewahrung ihres Gutes und Lebens sollten die hohen Herren ihm huldigen und seinem Bruder abschwören“. Hier war guter Rat wirklich teuer.

Freiberg – Gesamtansicht um 1935. Postkarte: Sammlung Harald Rockstuhl

Die Ratsmitglieder tagten und es dauerte und dauerte. Der Herold rief bereits zum dritten Male und der Herrscher wurde schon ungeduldig. Da traten die Herren aus dem Rathaus und gingen auf den Kurfürsten zu: barhäuptig, in Zweierreihen und jeder hatte seinen Sterbekittel über einen Arm gelegt. Die Ritter hatten um ihren Kurfürsten einen Kreis geschlossen. Der Bürgermeister Nikol Weller von Molsdorf trat heran und gab den Entschluss des Rates bekannt: „Wir und die ganze Stadt sind so bereitwillig als schuldig", und schaute dabei dem gnädigen Kurfürsten fest ins Auge. Dann fuhr er in seiner Rede fort. *„Wir wollen untertänig sein und die Trennung der zwei Fürstlichen Brüder bringt uns Leid genug, aber wir sind beiden laut Vertrag zu Treu und Redlichkeit verpflichtet. So wahr uns Gott helfe, wollen wir dies erfüllen und gegen keinen etwas unternehmen. Wir wollen unsere Seelen nicht in Gefahr stürzen und den Vertrag erfüllen. Sollet ihr aber, Kurfürst, in uns dringen so will ich als Bürgermeister der Erste sein und mir meinen alten und auch ergrauten Kopf abhauen lassen".*

Der Kurfürst war gerührt von dieser Rede und sein Herz erweichte. Er wendete auf der Stelle sein Pferd, ritt auf Weller zu, hielt an und klopfte dem braven Mann auf eine Schulter. Er sprach: *„Nicht Kopf ab, Alter! Nicht Kopf ab!" und fuhr fort: „Leute die Eid und Pflicht hoch halten, brauchen wir zu jeder Zeit".* Er lobte den Rat und die Bürger der Stadt ob ihrer Treue und sie sollten auch in Zukunft daran festhalten. Er nehme sein Begehren zurück.

Hungerborn im Ratswald

Nordwestlich der Grube Beschert Glück, etwa 15 Minuten davon entfernt, lag einst im Ratswald der Hungerborn. Hier soll einmal reichlich Trinkwasser geflossen sein, dem auch eine gewisse Wunderkraft zugeschrieben wurde. Die Tätigkeit der Bergleute Untertage und das Anlegen vieler Schächte und Gänge soll diese Quelle zum Versiegen gebracht haben. Dies soll um 1790 gewesen sein. Noch lange, bis Ende des vorletzten Jahrhunderts, konnte man Mauerreste der Quelleinfassung bei genauerem Hinsehen finden. Auch Spuren eines Ganges der auf- und abwärts führte will man zu diesem Zeitpunkt noch festgestellt haben. Solche Gänge wurden meist im Zusammenhang mit Wallfahrten angelegt.

Berichtet wird, dass sich in früheren Zeiten hier – an dieser damals reich sprudelnden Quelle – die Bergleute am Magdalenen – Streittag versammelten.

Nächtliche Warnung

Ein warnender Traum war einem Bergknappen nachts während des Schlafes widerfahren. Er berichtete am Morgen seinem Wirt von dem Traum, in dem er Kontakt mit dem Berggeist hatte. Dieser hatte die Hände erhoben und zu ihm gesagt: *„Gib Acht"!* Damit war die nächtliche Erscheinung zu Ende gewesen. Der Wirt schaute zunächst ungläubig und tröstete den Knappen mit den Worten: „Träume sind Schäume". Er solle sich aber bei seiner Arbeit vorsichtig bewegen und auf alles acht geben, dann würde schon nichts passieren. Nur nicht verzagen, denn dem Verzagten kommt schneller ein Unglück als dem Tüchtigen.

Der Bergknappe fuhr ein und bei seiner fleißigen Arbeit hatte er den nächtlichen Traum schon fast vergessen. Er arbeitete unentwegt und nach mehreren Stunden setzte er sich nieder, um doch ein wenig auszuruhen. Vor seine Füße fiel ein kleiner Stein aus dem First seines Erzganges. Er schaute nach oben, konnte aber nichts sehen und arbeitete weiter. Keine fünf Minuten waren vergangen, da prasselte es im Gebälk und viele Steine fielen auch auf ihn hernieder. Einige Glieder waren zertrümmert, aber zum Glück war er in gebückter Haltung gewesen und sein Oberkörper war kaum beschädigt. Die Schmerzen waren groß, er wimmerte und rief laut nach Hilfe. Andere Bergknappen retteten ihn und trugen ihn dann nach Hause. Der Wirt war erschrocken als er seinen geschundenen Mieter sah, der vor ihm auf der Trage lag. Er meinte: *„Na, wir waren wohl beide nicht gottesfürchtig! Es war ein Zeichen für Dich!"* Da antwortete der Knappe: „... und auch die Warnung vor Ort habe ich nicht beachtet." Die Verletzungen waren aber so schwer, dass er noch in dieser Nacht die Augen für immer schloss.

Drei Kreuze

Unweit der Gaststätte „Zum letzten Dreier", etwa die Hälfte der Strecke zwischen Freiberg und Brand-Erbisdorf, stehen auf freiem Feld weithin gut sichtbar drei große hölzerne Kreuze.

(Sie sollen auch die Reste einer bergmännischen Andachtsstätte darstellen; seit dem 16. Jahrhundert nachweisbar)

Um 1500 wurden, so wird berichtet, die drei Kreuze im Zusammenhang mit dem damals sehr umfangreichen Bergbau errichtet. Sie wurden 1564 das erste Mal urkundlich erwähnt. Sie symbolisieren als

Zeichen des Kalvarienberges die Allgegenwart des Erlösers, Gottes Schutz und den Segen für den Bergbau.

Die folgende Sage/Legende dazu lautet:

Freiberg wurde 1296/97 durch Adolph von Nassau (* vor 1250–1298) belagert. Es ging gegen Friedrich mit der gebissenen Wange (1257–1323) und Freiberg musste für die Belagerer eine größere Summe Geld bereitstellen. Natürlich hatte auch die alte Bergstadt Freiberg das Geld nicht sofort flüssig. Der Feind nahm sich drei Ratsherren als Geiseln, bis das Geld übergeben werden konnte. In der Zwischenzeit rückte Verstärkung in Richtung der bedrohten Stadt an. Wozu also noch zahlen. Kuriere wurden ins feindliche Lager gesandt, um die Ratsherren zur Flucht aus dem feindlichen Lager zu überreden. Sie sollten bereits in der kommenden Nacht fliehen und zwar in Richtung Freiberg. Die Flucht schien fast gelungen, da wurden sie noch gestellt und wegen Wortbruch zum Tode durch das Schwert verurteilt. Die Hinrichtungsstätte wurde zuerst mit drei Kreuzen aus Stein versehen. Später wurden Holzkreuze aufgestellt, die auch heute noch an die misslungene Flucht der drei Ratsherren erinnern.

Das ist aber nur eine der am häufigsten erzählten Fassungen dieser Sage. An der Stelle soll auch einst eine Kapelle für die Wallfahrer gestanden haben. Auch von einem dankbaren Pilgerer nach Palästina,

Die drei Kreuze, im Süden der Stadt in Richtung Brand-Erbisdorf auf freiem Feld stehend.

der wohlbehalten nach Hause zurückkehrte, ist in dem Zusammenhang die Rede. Die Kapelle sollte den Kalvarienberg in Jerusalem symbolisieren. Andre wollen gar wissen, dass hier einst die alte Stadtgrenze von Freiberg war.
1582 soll hier eine Magd, die: „…*bei stark windigem Wetter Semmeln aus der Stadt getragen hat und unter den Kreuzen kurz ausruhte…*“, erschlagen worden sein.

Erdfall gegen Adolfs Truppen

Aus dieser Zeit um 1296 wird noch eine weitere Geschichte berichtet. Kaiser Adolf zog mit einem gewaltigen Heer in Richtung der Mark Meißen. Zwickau und Chemnitz lagen bereits hinter ihm. Die reiche Bergstadt Freiberg, die außerdem noch zu Friedrich hielt, lag ihm auf dem Weg nach Meißen genau im Wege und sie war ihm wohl auch ein Dorn im Auge seiner militärischen Ziele.
Ein ganzes Regiment samt dem befehlenden Oberst hatte sich unweit der Stadt auf einer Bergbauhalde verschanzt und wollte die Stadt ausspionieren. Von dieser Anhöhe der Halde aus konnte man die Befestigungsanlagen, die Mauern und Gräben gut einsehen. Diese Halde war aber unterirdisch so durchfahren, dass sie das große Gewicht des Regiments samt Waffen nicht aushielt und unter lautem Getöse einstürzte. Regiment und Waffen, Mann und Maus kamen dabei ums Leben. Adolf war nun plötzlich ganz vorsichtig geworden, denn es hätte ja auch eine Falle der Freiberger sein können. Er zog seine Truppen von Freiberg zurück und ließ erst einmal das ganze Umfeld von Kundschaftern ausspähen. Als fester Untergrund gesichtet und geprüft worden war, ließ er die Zelte aufbauen und bereite sich auf den Sturm auf Freiberg vor.
Vor dem Donatstor auf der Halde, genannt der „Dürre Schönberger“, soll der genannte Erdfall passiert sein.

Hans verrät seine Heimatstadt

Volle Reichsfreiheit versprach Adolf von Nassau in der Zeit seiner Belagerung den Freibergern, wenn sie sich ihm ergeben würden. Die Freiberger waren viel zu stolz um sich zu ergeben; sie kämpften tapfer weiter, bis sie durch Verrat fielen.
Hans Lobetanz, Sohn einer angesehenen Familie der Bergstadt, hatte wohl nach 16 Monaten Belagerung die Nase voll und verließ heimlich

die Stadt. Doch den Söldnern Adolfs gelang es ihn festzunehmen und auszufragen. Er verriet den Truppen den Zustand der Mauern und Türme und auch, wo eine wenig gesicherte Stelle den Zugang zur Stadt ermöglichen würde. Im Bereich der Hornstraße und Wasserturmstraße, dort wo die Münzbach unterirdisch durch die Stadt fließt, konnte man relativ unbemerkt in die Stadt kommen. 30 Söldner führte der Verräter an die genannte Stelle und das ganze Heer folgte ihnen. Die Verteidiger der Bergstadt mussten sich nach tapferer Gegenwehr in Richtung Schloss zurückziehen. Nun waren sie von den Lieferungen mit Lebensmitteln abgeschnitten und der Landesherr befahl ihnen auch, sich zu ergeben. Gesagt, getan, die Übergabeverhandlungen wurden mit Philipp von Nassau geführt, der im Namen von Adolf verhandelte. Es wurde allen Kämpfenden freies Geleit zugesichert, doch Feldherr Adolf brach sein Wort und ließ 60 Freiberger Bürger auf dem Marktplatz hinrichten.

Mutiger Johannes

In der Stadt Altenburg hatte König Adolf von Nassau Station gemacht und den Markgrafen Friedrich zu sich ‚gebeten'. Er sicherte ihm freies Geleit zu und der Markgraf Friedrich der Freidige reiste nach Altenburg. Nur wenige Mannen hatte er zu seinem Schutz dabei, verließ er sich doch auf das freie Geleit. Kaum war er in seiner Herberge in Altenburg angekommen, stürmten Söldner Adolfs die Behausung und wollten ihn mit gezückten Schwert ins Jenseits befördern. Johannes Lotze, ein mutiger Freiberger der mit dem Markgrafen reiste, warf sich dazwischen. Das Schwert drang ihm tief in die Brust und er zahlte den Schutz seines Herrn mit dem Tode. Der Markgraf nutzte die Verwirrung und flüchtete eilends in die oberen Räume des Hauses, später im Schutze der Nacht verließ er Altenburg.
Ob Lotze oder seine Familie postum für diese Tat belohnt wurde, ist leider nicht überliefert.

Des Hirten edler Gefangener

Nachdem Freiberg in die Hände des Adolf von Nassau gefallen war und der Markgraf seinen Thron hatte räumen müssen, zog er mit seinen Diener und später auch allein durch seine Lande. In den ärmlichen Sachen die er trug war er nicht zu erkennen. Auf einem Felde traf er einen Hirten, der hier seine Herde mit Schafen weidete. Der Markgraf bat diesen, ihn doch zu fangen. Der Hirte hatte keine große Mühe dies zu erledigen. „Nun“, sagte der Markgraf, *„erzähle allen, dass du den Markgrafen von Meißen gefangen und auch festgehalten hast“.* Da erschrak der Hirte und entschuldigte sich gar viele Male.

Fürchten lehrender Berggeist

Anno 1869 soll es gewesen sein, als der Obersteiger Neubert einige furchtlose Männer zum Einfahren in den Schacht Neuhoffnunger Ort suchte. Einer meldete sich sofort: Ernst Fröbe, er hatte den Spitznamen der wilde Fröbe. Unerschrocken und verwegen, das waren seine weithin bekannten Eigenschaften. Er überredete noch den Bergknappen Rast aus Loßnitz (gehört seit 1955 zur Bergstadt Freiberg). Auf Neuhoffnunger Ort hatten einige Häuer ihre Gedinge aufgekündigt; es spuke dort. Deshalb brauchte der Obersteiger neue Bergknappen. Seit 6 Wochen arbeiten die beiden Bergleute nun schon vor Ort und kein Spuk war bemerkbar. Doch eines Nachts, als sie nach dem Lösen der Sprengschüsse gerade die stumpfen Bohrer ausklaubten, hören beide Geräusche. Es sind Arbeitsgeräusche, obwohl sie allein im Schacht sind. Es hört sich so an, als ob jemand Gestein in einen Hunt* wirft - aber da stehen doch gar keine Hunte. Beide schauen sich verwundert

Freiberg 1912. Untermarkt mit Dom und Albert-Museum (heute Stadt- und Bergbaumuseum). Postkarte: Sammlung Harald Rockstuhl

an. Nun hören sie auch noch wie ein Hunt sich in Bewegung setzt und immer näher kommt. Neben dem Geräusch der rollenden Räder sind jetzt auch noch ganz deutlich Schritte zu hören. Auch ein Grubenlicht, die Blende, können sie sehen und hinter dem Hunt den Huntestößer, eine kurze stämmige Mannsgestalt. Er würdigt die Beiden nicht mit einem Blick, stur geht er vorüber. Der Hunt rollt vorbei und es ist wieder still im Schacht. Ihre Fassung haben die Bergknappen noch nicht wieder gefunden, aber sie wissen was sie zu tun haben. Einen Satz Bohrer in der Hand rennen sie in wilder Hast dem Schacht zu. Nur weg von dieser unheimlichen Stelle und raus aus dem Schacht. Auch die Bergleute von anderen Orten fahren gerade aus. Sie sehen die beiden bleichen Kollegen und fragen, was los sei. Es kommt keine Antwort aus ihren vor Furcht zitternden Lippen. Sie wollen nur nach Hause und sonst nichts. Fröbe und Rast befällt ein heftiges Nervenfieber, das Rast nach wenigen Tagen hinwegrafft. Fröbe erholt sich und wird wieder gesund, aber einen Schacht hat er nie wieder betreten. Dieser Abbauort, in dem der Geist nun wirklich spukte, wurde auch nie wieder befahren.

* *Hunt – bergmännisch: offener, vierrädriger Förderwagen zum Erz- und Gesteinstransport unter Tage.*

Teufelsmacht

Auch Klosterschüler vergangener Zeiten waren nicht immer gegen die Liebe zum schönen Geschlecht gefeit. Im Jahre 1260, so wird in den Annalen berichtet, soll sich dies zugetragen haben: Ein Klosterschüler hatte sich in ein junges, wohl sehr schönes Mädchen verliebt. Er konnte aber ihre Liebe nicht erringen. Dieses Mädchen war neben ihrer weithin bekannten Schönheit auch noch fromm und sehr sittsam. Deshalb wies sie den jungen Kleriker ab. In seiner Verliebtheit rief er einen Schwarzkünstler zu Hilfe, der ihm beim Betören der Schönen Unterstützung geben sollte. Und der war mit seinen Teufelskünsten auch sofort zu Diensten. Um den jungen Mann zog er einen Kreis und beschwor diesen. Er mahnte ihn mehrmals und ganz eindringlich, diesen Kreis nicht zu verlassen. *„Verlässt du diesen Kreis, ist es um dein Leben schlecht bestellt, denke immer daran.“*

Es dauerte nicht lange und der Satan erschien. Die beiden Sünder merkten bald, dass man diesen nicht umsonst ruft. Er kam in der Gestalt des schönen Mädchens. Das Mädchen lockte den Verliebten

gar lieblich, warf ihm verheißungsvolle Blicke zu und warb mit lustvollen Gebärden. Da vergaß der Klosterschüler alle Vorsicht und ging aus dem schützenden Kreis heraus. Da packte ihn der Teufel und schleuderte ihn mit einer riesigen Wucht gegen die nächste Hauswand. Nun war alles zu spät. Er lag tot am Boden und der Teufel hatte wieder eine verlorene Seele mehr.
Der Schwarzkünstler hatte alles gesehen und er wollte flugs das Weite suchen, doch auch ihn packte der Teufel und warf ihn an die Wand. Auch er fiel zu Boden und blieb wie tot liegen. Doch am nächsten Morgen, als man ihn halbtot mit zerbrochenen Knochen fand, jammerte er gar erbärmlich. Die Freveltat blieb bei dem lauten Gestöhne nicht lange verborgen und der Schwarzkünstler bekam auch seine gerechte Strafe.

Die Pest geholt

Anno 1564 wurde Freiberg von der Pest heimgesucht und die Leichen wurden in einer Tongrube nahe dem Hospital bestattet. Kurze Zeit nach dem Fürstenschießen anno 1572 holte ein Töpfer eben aus dieser Grube Ton für seine Arbeit. Er grub und stieß auf Lumpen und Stroh, ein sehr übler Gestank drang ihm aus dem Erdreich entgegen. Kurz darauf wurde er krank, auch die Seinigen und viele andere Leute aus der Nachbarschaft mit denen er Kontakt hatte. Die Seuche griff weiter um sich und bis Weihnachten des Jahres zählte man schon 1577 Tote in der Stadt.

Leinewebers Fluch

Fluchen zeugt nicht gerade von einer sehr guten Erziehung. Dennoch tun es gelegentlich viele Menschen – hoffentlich nicht mit den Folgen, von der diese Sage berichtet.
Lorenz Richter, ein stadtbekannter und auch geachteter Leineweber, wohnte in Freiberg auf der Weingasse. Man schrieb das Jahr anno 1545. In Trient fand das Konzil statt und in Freiberg geschah ein Unglück, von dem die Leute noch lange erzählen sollten.
Eines Tages befahl er seinem Sohn einen kleinen Hilfsdienst für ihn zu erledigen. Aber auch 14-jährige haben nicht immer Zeit und vor allem Lust. Er blieb in seiner Stubenecke hocken und dachte gar nicht daran, dem Vater den Wunsch zu erfüllen. Oder hatte er ihn gar träumend überhört? An diesem Tage reizte das Verhalten des Sohnes seinen Vater

sehr; ihm schwoll die Zornesader an und er schrie in Richtung seines Kindes: *„So steh, so steh! Immer steh, du fauler Lümmel! Mögen deine Füße an den Boden wachsen!“*
Der Fluch wirkte sofort, der Junge war angebannt am Fußboden und konnte keinen Schritt mehr tun. Der Vater bereute seinen wilden Zornesausbruch sehr, aber es war zu spät. Das Unheil war geschehen. Der Junge stand den ganzen Tag, konnte sich nicht rühren. Auch in der Nacht und den folgenden Tagen blieb es so, er war und blieb fest gebannt. Ein kleines Pult schob man ihm unter die Arme und den Kopf, damit er wenigstens etwas ruhen konnte. So stand er nun neben der Stubentür und nahe am Ofen. Die Dielen zeigten bereits Eindrücke und das Begehen der Stube war auch nicht so einfach, denn er stand fast im Türrahmen. In dieser Not riefen die unglücklichen Eltern die Geistlichen der Bergstadt an und flehten gar inniglich um Hilfe. Sie kamen, beschauten sich das Unglück und begannen auch gleich inbrünstig mit einem Gebet. Wenn schon der Bann nicht aufgehoben werden könne, so sollte der Junge wenigsten an einer anderen Stelle im Wohnzimmer stehen. Der Junge schrie vor Schmerzen und von unsichtbarer Hand wurde er an eine andere Stelle verschoben. Der Bann aber blieb. Nach vielen Jahren löste sich er sich etwas, der Junge konnte sitzen und sich auch ins Bett legen. Speis und Trank nahm er aber nur zu sich, wenn er mit körperlicher Züchtigung dazu gezwungen wurde. Sieben Jahre dauerte diese Tortour, dann wurde er von seinen Leiden erlöst. Befreit von seinem Bann wurde er aber nicht; die Pest wütete in Freiberg und auch der unglückliche Junge wurde ein Opfer. Die Schuhabdrücke konnte man noch lange in den Dielen der Stube sehen. Der Vater wollte sie ausbessern lassen, um nicht ständig an seinen Fluch erinnert zu werden – doch der Rat verbot es. Zur Erinnerung sollten diese Spuren des Jungen für immer erhalten bleiben. So geschah es dann auch.

Katharina bringt Herzog Heinrich zum lutherischen Glauben

Als Herzog Heinrich (1473–1541) am 06. Juni 1512 seine Katharina von Mecklenburg (1487–1561) zum Traualtar führte, war die Welt des katholischen Glaubens für ihn noch in Ordnung. Herzog Heinrich war gutmütig und Katharina kräftig zupackend. Ziele immer mit Ausdauer und auch zielstrebig verfolgen und bis zum Ende zu bringen war ihr Motto. Heinrich liebte schöne Pferde, Geschütze und seine Ruhe. Katharina zog, wie es gute Ehefrauen immer tun, ganz unscheinbar die richtigen Fäden für die Familie und das zu regierende Land.

Das Freiberger Schloss Freudenstein. Hier residierte einst Herzog Heinrich mit seiner Katharina von Mecklenburg.

Schloss Freudenstein in neuer Pracht.

Sie war sehr dem Lutherischen zugetan und unterhielt auch enge Verbindungen zu Luther selbst und zu Melanchthon. In ihrem Umfeld durften auch gegen den Willen von Herzog Heinrich Luthers Schriften gelesen werden. Die Bergleute des Freiberger Raumes, so wird berichtet, waren bereits seit 1523 im Sinne der neuen Lehre aufgeschlossen.
Emilia, die erste Tochter von Heinrich und Katharina, heiratete 1533 den Markgraf Georg von Brandenburg. Einst hatte Heinrichs Bruder

Georg versprochen: wenn Emilia heiratet bekommt sie 10.000 Gulden Mitgift. Emilia heiratete jedoch protestantisch und Onkel Georg war sehr verärgert. Er kam nicht zur Hochzeit und es gab auch keine Mitgift. Die Bürgerschaft und der Freiberger Rat waren dem Herzogspaar und den Kindern wohl gesonnen. Sie sammelten für Emilia 10.000 Gulden und übergaben sie statt der Mitgift vom Onkel.
So kam es denn auch, dass der Herzog dem Freiberger Rat im Jahre 1536 die freie Religionsausübung genehmigte.1537 führte er ganz offiziell für das ganz Land die Lehre Luthers ein, ganz gegen den Willen seines Bruders Georg, aber sehr zum Willen seiner Ehefrau Katharina.

Mehl statt Lehm

Hungersnöte hat es in längst vergangenen Zeiten öfter gegeben und auch mehr, als den Ärmeren lieb war. So herrschte auch um 1590 in weiten Teilen des Sachsenlandes und darüber hinaus eine große Hungersnot, hervorgerufen durch eine lange Trockenheit und der folgenden Teuerung.
Von dem „Wundermehl“ gibt es zwei Erzählungen:

Am 20. Juli 1590 soll in der Umgebung von Freiberg ein armes und meistens hungerndes Hirtenmädchen einen Gang mit weißem Pulver entdeckt haben. Er soll eine Spanne dick gewesen sein. Dieses Pulver hatte das Aussehen von Mehl und es fasste sich auch so an. Das Mädchen grub etwas davon aus und buk zu Hause daraus Brot, das sehr gut schmeckte und bekömmlich war. Das sprach sich besonders bei den armen Menschen schnell herum und der Zulauf zum Gang mit dem Mehl war enorm.

Zur gleichen Zeit war auch ein frommer Mann mit seiner vielköpfigen Familie von der Not betroffen und lebte mehr schlecht als recht. Nun ging er eines Tages zu den Lehmgruben vor der Stadt, um Lehm zu holen. Damit wollte er sich einige Pfennige verdienen und für seine Familie Essbares kaufen.
Als gottesfürchtiger Mann schaute er mit Tränen in den Augen gen Himmel und sprach flehend im Gebet: „O Gott, du kannst Großes vollbringen. So hilf mir denn, dass meine Frau und die Kinder nicht elend verhungern müssen.“ Dann nahm er die Hacke in beide Hände und begann seine Arbeit. Bereits mit dem ersten Schlag brachen trotz lan-

ger Trockenheit große Stücke aus der Lehmwand. Das war aber keine braune Masse sondern saubere weiße. Lehm war das nicht, das sah der Alte sofort. Es fühlte sich wie gutes weißes Brotmehl an und glich diesem auch im Geschmack. Hatte der Herr da droben ihn wirklich erhört? Für ihn bestand daran kein Zweifel. Er lud die Brocken auf seinen Karren und fuhr heimwärts zu Frau und Kindern. Bereits am Abend war das ganze Mehl zu Brot verbacken. In allen Zimmern duftete es danach und das Brot hatte einen Geschmack nach Veilchenwurzel, so wird berichtet.
So etwas spricht sich natürlich schnell herum. Der Zulauf zur Lehmgrube war enorm. Gruben arme hungernde Leute, die ansonsten sehr rechtschaffen waren, fanden sie Mehl und hatten nun ebenfalls etwas zu essen. Aber wo so ein Wunder geschieht sind nicht nur Gläubige dabei, sondern auch Wucherer und Gotteslästerer; auch sie fanden Mehl. Als sie es jedoch zusammenraffen und wegtragen wollten, verwandelte es sich wieder in braunen Lehm.
Viele Jahre soll ein Brot aus diesem Mehl im Rathaus der Stadt Freiberg aufbewahrt worden sein.

Die Wallfahrten der Geißler

Anno 1258–1266 war Albert II. Bischof von Meißen (1240–1314) und hatte so seine Probleme mit den massenhaften Zügen der Geißler. Viele Menschen strömten zu jener Zeit, besonders anno 1261, von Italien kommend auch in Richtung Meißen. Dann zogen sie weiter in andere Gebiete, um sich mit übertriebener Buße selbst zu geißeln.
In Freiberg beteiligten sie sich geißelnd an einer Wallfahrt zur schönen Marie. Halb nackend und barfuss schritten sie paarweise, meist in roten offenen Mänteln einher. Sie geißelten sich selbst und taten wohl übergroße Buße und Frömmigkeit zur Schau, dass selbst der Bischof Albrecht sie nicht so recht ins Herz schließen konnte.
Conrad von Freiberg, so wurde ein Mönch zu damaliger Zeit genannt, berichtet über solch eine Wallfahrt zur schönen Marie. Der genaue Standort dieser Marienstatue ist leider nicht bekannt. Angenommen wird, dass sie aus Wachs geformt war und etwa menschliche Größe hatte. Sie soll schön und sehr zierlich geformt gewesen sein. In der Frauenkirche oder im Johannishospital hätte sie gestanden. Die Wallfahrer pilgerten in Strömen zu diesem heiligen Orte. Die

Leute verließen ihre Arbeitsplätze und nahmen einfach das Werkzeug, das sie gerade in der Hand hatten, mit. Alle wirkten wie verzaubert, weil sie zur Marienstatue wandern durften. Krumme und lahme Menschen machten sich auf den Weg – vor der Marienskulptur legten sie ihr Gelübde ab und sie waren auf der Stelle genesen. So wird es berichtet. Lange Zeit wurden diese Wallfahrten gemacht und sie wurden auch gern von der Obrigkeit gesehen.
Doch dann kamen die Geißler hinzu und mit der Zeit wurden in der Bevölkerung, natürlich hinter der vorgehaltenen Hand, Vorwürfe laut. Die Geißler betrieben Sodomie und andere Laster und Schande. Da wurde es Bischof Albert zuviel und er Verbot diese Wallfahrten zur schönen Marie. Die Geißler verbannte er sogar ganz aus seinem Bistum.

Prinzenräuber wird in Freiberg gerichtet

Auch heute noch ist Kunz von Kauffungen (1410–1455), allgemein als „der Prinzenräuber" bekannt, in Freiberg auf dem Obermarkt gegenwärtig. Er schaut aus dem Erker am Rathaus (Seite zum Obermarkt) herunter auf den Stadtgründer Otto der Reiche (1125–1190) und auf den „Schwarzen Stein". Das ist die Stelle, wo er sein Leben für seine Missetat verlor.
Ritter Kunz von Kauffungen stand lange Zeit im Dienste des Kurfürsten Friedrich II. (1412–1464) und seiner Ehefrau Margaretha, u.a. als Burgvogt der Residenz zu Altenburg.
Ritter Kauffungen setzte auch bei kriegerischen und nicht kriegerischen Auseinandersetzungen sein Leben und sein Geschick für das Wohl des Kurfürsten ein. Aber es kam, wie es oft kommt. Der Kurfürst dachte es müsste wohl immer so bleiben und der Ritter Kunz von Kauffungen sah sich schlecht besoldet. Es wurde um Geld und Ländereien gestritten. Die beiden Auffassungen waren sehr verhärtet und jeder bezichtigte den anderen als Lügenbold. Dieser Streit zog sich auch bei Gericht über einen längeren Zeitraum hin.
Kunz von Kauffungen ging nun zum Äußersten und raubte des Nachts die Prinzen Albrecht und Ernst aus dem Altenburger Schloss. Das war ein Frevel, aber für die Urteilsfindung war ein anderer Fakt schwerwiegender: Kunz hatte die Fehde gegen den Kurfürsten erst nach dem Raube der Söhne angezeigt und nicht, wie unter dem Adel üblich, drei Tage vorher.

Die kurfürstliche Familie war in Aufruhr, der Entführer gesucht und gestellt. Kunz von Kauffungen wurde nach Freiberg gebracht und hier von einem bürgerlichen Gericht abgeurteilt. Wenige Tage nach dem Prinzenraub hieb man ihm auf dem Obermarkt zu Freiberg den Kopf ab. Die Adelswelt war in zwei Lager geteilt. Kindesraub – Höchststrafe! Ein Ritter von einem bürgerlichen Gericht in so kurzer Zeit verurteilt, das war keinesfalls standesgemäß. Es brodelte. Der Kurfürst musste sich vor dem Adel rechtfertigen und er hat es von selbst getan – kein gutes Zeichen für ihn. Es hat ihn wohl sehr viel Mühe und bestimmt

Der Freiberger Obermarkt, mit dem Stadtgründer Otto der Reiche und vier Löwen auf dem Brunnen, ist ein beliebter Platz zum Verweilen.
Foto: Birgit Landherr, Freiberg

auch viel mehr gekostet, den Adel insgesamt wieder in standesgemäße Treue zu bringen.
Der Onkel von Kunz von Kauffungen, der Domdechant von Meißen Caspar von Schönberg, lässt die sterblichen Überreste des Ritters, in der St. Peter Kirche standesgemäß ritterlich beisetzen. Aber der Wille der Kurfürsten Friedrich und des Bruders Herzog Wilhelm ist auch in dieser Stunde stärker. Er muss ihn wieder aus dem Grab nehmen und überführt ihn nach Neukirchen, einem Ort nahe Siebenlehn in der weiteren Umgebung der Bergstadt. Hier sind die von Schönberg Besitzer und niemand kann den Kunz von Kauffungen aus der letzten Ruhestätte weisen.
Es gibt im Kirchenbuch zu Neukirchen einen Eintrag, der auf eine mögliche Gruft des Kunz von Kauffungen hinweist.

Der Teufel macht eine arme Frau besessen

Es gibt in allen Gegenden Sagen über Menschen, die der Teufel in seiner Gewalt hatte. Sie hatten sich leichtfertig oder gar aus Geldgier dem Satan verschrieben. Es waren aber auch Menschen darunter, die unverschuldet in die Fänge des Satans kamen. Die nachfolgende Sage weiß davon zu berichten:
Um 1600 lebte in Freiberg, so wird es berichtet, eine Anna Fiedler.
Sie lag, wie so oft in den letzten Jahren, im Wochenbett. Ihr Ehemann saß daneben und sie berieten, wer Taufpate bei ihrem jüngsten Kind sein solle. Mitten im Gespräch beschlich den Alten eine Krankheit und die Wöchnerin erschrak darüber gar sehr. Das nutzte der Teufel sofort aus und fand Eingang in ihren Körper. Sie litt nun ständig unter unsagbaren Schmerzen und zeigte heftige Zuckungen. Sie klagte auch, dass der Teufel laufend bei ihr erscheine. Dieser Satan muss der Frau sehr zugesetzt haben. Er wechselte oft seine Gestalt, auch als Hebamme ist er erschienen. Er warf sie gar manches Mal aus dem Bett und trug sie auch auf das Dach. Hier legte er sie zwischen die Dachrinnen, wenig später setzte er sie auf den heißen Ofen. Die Nachbarn fanden sie auch vor dem Haus liegend und vor Schmerzen stöhnend. Das widerfuhr der Frau aber nur, wenn sie allein zu Haus war.
Nachbarn wurden auch Zeugen, wie der Leibhaftige sie aus dem Bett hob und waagerecht durch die Luft trug. Er selbst war dabei nicht zu sehen, sondern nur die schwebende Frau. Als die Frau das Wochenbett verlassen konnte, wurde sie weiterhin durch den Teufel bedrängt.

Selbst zum Gottesdienst begleitete er sie in die Kirche. Oft war er als kleine Katze dabei, strich ihr und den anderen Besuchern um die Beine und störte sehr.
Viele Jahre musste die arme Anna Fiedler diese Not und Pein aushalten, dann hat das Leiden etwas nachgelassen. Ein heller Schein umgab sie und sie konnte bestimmte Ereignisse schon lange vorher voraussagen. Besonders Vorkommnisse, die später während des Dreißigjährigen Krieges wirklich eintrafen, sagte sie den Nachbarn voraus. Gesund wurde die Anna Fiedler aber nicht mehr. Am 10. Oktober anno 1620, also 20 Jahre nach dem Eintreffen der Satansdrangsal, schlief sie ein und fand ein seliges Ende. Der Teufel hatte zwar Macht über ihren Körper bekommen, aber ihre Seele hat er nicht verbuchen können.

Die hungrigen Pesttoten

Die Pest forderte anno 1552 in und um Freiberg Tote. Es müssen wohl sehr viele an dieser Seuche gestorben sein, mehrere Siedlungen waren wüst geworden. Die Toten wurden zwar bestattet, fanden aber in den Gräbern keine Ruhe. Angeblich begannen sie zu essen. Stand man still an den Grabstätten, hörte man aus der Erde deutlich schmatzende Geräusche, wie sie auch bei lautem Essen entstehen. Sie hatten auch

Freiberg um 1910. Postkarte: Sammlung Harald Rockstuhl

großen Einfluss auf die lebenden Verwandten und holten immer mehr nach. Um dem Einhalt zu gebieten hat man mit einem Grabscheit den Toten die Köpfe abgestoßen und diese anschließend verbrannt. Das zeigte aber keine Wirkung; es wurden immer mehr Tote gezählt und die grassierende Pest galt als Strafe Gottes für die lose Lebensweise.

Fürstenbusch und Wettin-Eiche

Wer Freiberg auf der B 101 in Richtung Siebenlehn verlässt, kommt zuerst an der neuen Freiberger Brauerei, dem Brauhaus Freiberg, und wenig später am Fürstenbusch vorbei. Genau an dieser Waldecke stand eine große alte Eiche, die Wettin-Eiche genannt. Sie wurde vor langer Zeit gepflanzt, zu Ehren der traditionsreichen Herkunft der alten Sachsen aus dem Stammgeschlecht Wettin an der Saale.
Der Wald müsste eigentlich „Fürste-Busch" heißen, nur im Volksmund ist daraus im Laufe der Zeit der Fürstenbusch geworden. Kein namenloser Fürst stand bei dieser Flurbezeichnung Pate, sondern die Verwendung der Stämme im Bergbau. Beim Herausmeißeln der Gänge entlang der Erzadern wurden auch hölzerne Stempel und Fürste gesetzt, damit das Gestein nicht herunterbrach und die Bergleute unter sich begrub. Das Obere Gestein in Stollen und Strecken, das oberhalb dieser quer liegenden Hölzer liegt, wird auch Fürste genannt. Hier, in diesem Wald, wurden sie auch geschlagen und daher der Flurname.

Schäfertische

Am Fürstenhof, erstmals 1555 erwähnt und zwischen Loßnitz und Großschirma gelegen, wuchsen einst drei Hagedornsträucher (Weißdorn). Jedes Jahr haben die Schäfermeister des Fürstengutes diese Sträucher so beschnitten, dass sie von weitem wie Tische aussahen. Im 18. Jahrhundert sind an dieser Stelle ein Schäfermeister und sein Knecht ums Leben gekommen. Ein plötzlich aufziehendes schweres Gewitter hatte die beiden Männer überrascht und ein gewaltiger Blitzschlag beendete ihr Leben.

Pfingstspiele

Dieses weithin bekannte Spektakel fand einst in Freiberg aller sieben Jahre statt. Die Schöpfung, die Erlösung und auch das Jüngste Gericht wurden über drei Tage lang in diesen Aufführungen dargestellt.

Nun geschah laut der Überlieferung aber folgendes: Der Teufel höchstpersönlich hatte sich in einem Stück unter die auftretenden 12 Narren, die allesamt in der Kleidung eines Teufels auftraten, gemischt. Das war natürlich für den richtigen Teufel ein Kinderspiel. Als die Aufführung zu Ende war bemerkte man, dass einer fehlte; den hatte der Teufel entführt.
Im Mai 1523 wurden diese Pfingstspiele das letzte Mal zur Aufführung gebracht.

Freiberger Bier

Das Brauen von Bier hat in der alten Bergstadt Freiberg schon eine lange Tradition und es wurde seit jeher gutes Bier gebraut.
In ganz alten Zeiten trafen sich die brau berechtigten Bürger der Stadt um den Michaelistag (29.9.) eines jeden Jahres um die Reihenfolge des Brauens auszulosen.
Brau berechtigt war, wer einen eigenen Schornstein, eine Feuermauer oder Feuerkorb sein eigen nennen konnte, wer alle Schulden gegenüber der Stadt beglichen hatte und wer auch einen redlichen Nahrungserwerb vorwiesen konnte.
Der glücklichste Bürger war der mit der kleinsten Los Nummer. Die Nummer 1 durfte mit dem Brauen und damit auch mit dem Ausschank des Bieres beginnen. Ihm war somit der beste Umsatz vergönnt und damit auch die reichsten Einnahmen.
So weist die Chronik für 1676 12 Brauhäuser und 8 Malzhäuser aus. Alles wurde genau überwacht, damit auch die geltenden Gesetzlichkeiten korrekt eingehalten wurden.
Freiberger Bier war weithin als gutes Bier bekannt und es hieß: „Es kützelt einem in die Nase wie Freiberger Bier“
1848 wurde dann durch brauberechtigte Bürger der Stadt der „Brauhof“ gegründet, denn es als Gaststätte auch heute noch gibt. Die „alte“ Brauerei ist jetzt ein Einkaufszentrum und die „neue“ Brauerei an der Leipziger Straße gelegen, braut wie eh und je ein gutes Bier, das weithin bekannt ist.

Bergknecht Hans

Der Bergknecht Hans arbeitete in einem Schacht im Donathspat* der Grube Elisabeth*. Er war verheiratet und hatte etliche Kinder. Obwohl er noch nicht so alt war, hatten ihm Kummer und Gram schon gar zugesetzt. Er hatte wirklich kein leichtes Leben als Bergknecht und was er an Erz fand reichte nicht für die Ernährung der Familie. Er hatte auch seine Eltern zu versorgen und seine Frau, die mehr krank als gesund war. Immerhin hatte sie schon sechs lebendige Kinder zur Welt gebracht. Hans war oft verzweifelt und weinte manche Stunde still vor sich hin. Der Bäcker wollte nicht mehr anschreiben und die Gläubiger forderten immer hartnäckiger ihr geborgtes Geld zurück. Aber woher sollte er es nur nehmen. Manchmal wünschte er sich nicht mehr auf der Welt zu sein, um all das Elend das ihm umgab nicht mehr mit ansehen zu müssen. Nun sollte seine Frau bald mit dem siebenten Kind niederkommen. Alles Hab und Gut was sie einmal in besseren Zeiten besessen hatten, war bereits verpfändet. Auf dem Wege nach Hause sprach er mit einem viel älteren Bergknecht über sein hartes Los. Dieser gab ihm den wohl gemeinten Rat: „Ruf doch, wenn du allein im Gange bei der Arbeit bist, den Berggeist an. Schlage dreimal mit dem Hammer an das Gestein und rufe dazu:

„Berggeist, Berggeist komm herbei!
Hör mein Klopfen: eins, zwei, drei!
Schaff mit Hilfe, gieb mir Brot!
Ich will alles thun, was Not.“

Wenn das Bergmännchen dann kommt, erzähle wahrheitsgetreu wie es dir in deiner Not geht und wie es um deine Familie steht. Mir ... doch hier unterbrach der Bergknecht und fuhr dann fort: *„Erfüllen musst du aber, was der Berggeist dir aufträgt.“*
Nun wusste Hans, dass der Berggeist ein guter Geist war und nichts, aber auch gar nichts mit dem Teufel gemein hatte. Er hatte sehr genau zugehört und sich alle Worte des älteren Bergknechtes genau gemerkt. Was sollte er auch anderes tun, einen Ausweg aus seiner misslichen Lage sah er nicht. Zu Hause angekommen lag das siebente Kind, ein gesunder Junge, in der Wiege. Brot für die Abendmahlzeit war nicht im Hause. Wovon hätte es auch bezahlt werden sollen. Er dachte an das Gespräch und gleich am nächsten Tage wollte er den Berggeist anrufen.
Gesagt, getan. Kaum war er allein tat er was ihm der alte Bergknecht geheißen hatte. Das Gestein vor ihm teilte sich und ein kleines altes Männchen mit langem weißen Bart und vielen Falten im Gesicht stand vor ihm. Sein freundliches Wesen war ihm anzumerken.

„Warum rufst du mich her?
Knappe, was ist dein Begehr?“

Hans erzählte dem Berggeist seine lange Geschichte, eine Geschichte von Not und Armut, aber er sagte nur die Wahrheit und das merkte der Berggeist auch. Er sprach zu Hans:

„Gieb für die Hilf mir jede Schicht
Ein Pfennigbrot und Pfenniglicht.
Dafür wird Silbers g'nug dein Eigen;
Doch schwöre mir ein ewig Schweigen!“

Hans tat in dieser Stunde was der Berggeist ihm befohlen hatte. Er schwor den Eid des ewigen Schweigens, wenn auch mit zittriger Stimme, für sich und seine Familie zu Haus. Kaum war das letzte Wort gesprochen, war der Berggeist verschwunden und der Berg hatte sich wieder geschlossen. Aber vor seinen Füßen lag ein Häufchen gediegenes Silber.
Hans verkaufte abends sofort das Silber und kaufte Brot für die Familie. Ach was war das für ein Fest, sich richtig satt essen zu können. Hans vergaß aber auch den Berggeist nicht, zahlte täglich ein Pfennigbrot und ein Pfenniglicht. Dafür gab es Silber vom Berggeist. Der erzählte ihm, dass dies Brot ein rechter Leckerbissen für seine Frau sei und die Lichter eine große Freude für seine Kinder. Der Berggeist erkundigte sich aber auch immer nach der Familie von Hans und warnte den Bergknecht immer beim Auseinandergehen:

„Schweige du, vom Staub geboren!
Thust du's nicht, bist du verloren.“

Hans dachte dann immer bei sich, ach Berggeist, diese Warnung ist doch gar nicht nötig, ich schweige. Vom vielen Silber konnte Hans nicht nur seine Familie richtig ernähren, er kam auch zu Wohlstand. Er hatte schon ein kleines Haus gekauft, drei Kühe standen im Stall und Kleinvieh dazu und Felder besaß er obendrein. Bei soviel plötzlichem Wohlstand bleiben die Neider nicht aus. Hatte der Bergknecht etwa eine reiche Erbschaft gemacht oder hatte ihm der Drachen Geld durch den Schornstein geworfen. Aber Hans galt doch als ehrlicher Christenmensch. Die neugierigen Fragen der Nachbarn ließen mit der Zeit nach und auch die Frau und die Eltern fragten weniger. Wenn es gar nicht anders ging antwortete Hans etwas ausweichend: *„Unverhofft kommt allzu oft."*

Die Familie lebte glücklich und Hans war ein lebensfroher glücklicher Bergknecht. Doch bei einem Gelage mit Stollnbier geschah es doch. Seine Zunge war durch den Alkohol gelockert und seine Kameraden forderten ihn immer wieder auf – natürlich aus alter Freundschaft – sein Geheimnis zu verraten. Die anderen Bergknechte wollten auch reich werden. Hans brach sein Versprechen und redete.

Als Hans später wieder nüchtern war, grauste ihm davor dem Berggeist gegenüber zu treten. Der Weg zur nächsten Schicht wurde lang für ihn und die Angst vor dem Zusammentreffen mit seinem wohlwollenden Freund immer größer. Das Brot und das Licht hatte er bei sich, ob das aber helfen würde wusste Hans nicht. Er fuhr in die Grube und begann als Anschläger seine Arbeit. Seine Aufgabe war es, den Mannen oben an der Haspel anzuzeigen, wann sie den Förderkorb mit Erz nach oben bringen sollten. Erst tat sich gar nichts, endlich kam das ersehnte Zeichen, aber die Haspel drehte sich ganz leicht. Als der Korb endlich oben sichtbar wurde, lag darin der tote Bergknecht Hans. Um ihn herum brannten die Pfenniglichter und auf der Brust lag das letzte Pfennigbrot. Aus seinem Rock lugte ein Zettel hervor:

„Glücklich ist, wer schweigen kann;
Plaudrer ein verlorner Mann.
Schwieg er, wär' er heut noch rot,
Berggeists Straf' ist jäher Tod!

Die anderen Bergleute trugen den Hans nach drei Tagen zu Grabe. Es wurde erzählt, er sei zu erhitzt in die Grube gefahren. Der Zettel war nicht mehr auffindbar und keiner wusste, wer ihn zuletzt in der Hand hatte.

Die Knappen schlugen bei der ersten Einfahrt nach der Beerdigung seinen Namen ins Gestein, zur Erinnerung und Mahnung.

Dem Berggeist hat seine Härte gegenüber Hans wohl selbst Leid getan. Als der älteste Sohn von Hans zum ersten Mal in eine Grube einfuhr, sprach er ihn von sich aus an und machte ihm das Angebot, wie es der Vater auch hatte. Er lehnte aber aus Furcht ab.

* *Die Grube St. Donath und die Himmelfahrtfundgrube auch die Grube St. Elisabeth lagen alle drei in einem Bereich. Die Grube St. Donath lag vor dem Donathstor und wurde um 1520 –1620 befahren.*

Des Obersteigers Tod

Die Kinder eines Bergmannes und schon gar nicht die eines Obersteigers, durften nicht mit dem Vater auf einem Schacht arbeiten. Dieser Brauch wurde von allen Bergleuten befolgt. So auch beim Obersteiger auf der Alten Mordgrube unweit von Brand. Sie waren auf anderen Gruben tätig. Einer war als Häuer auf Junge Hohe Birke angelegt. Nun war sein Vater schwer erkrankt. Nach der Schicht am Sonnabend ging er zu später Stunde noch in sein Elternhaus um sich nach dem Befinden des Vaters zu erkundigen. Die Mutter war sehr in Sorge, denn um den Vater stand es nicht besonders gut. Sie weinte in den Armen ihres Sohnes der sie tröstete. Aber auch der Sohn schlief in dieser Nacht nicht gut. Seine Kammer lag genau über der Kaue, dort wo der Richterschacht mündet und so glaubte er zu hören, wie um diese Zeit noch Bergleute ausfuhren. Das konnte aber um diese Zeit und gar am Sonnabend nicht sein. Er lauschte und lauschte – und doch waren es genau die Geräusche die Bergleute machen, wenn sie aus dem Schacht ausfahren. Ebenso das Betreten der letzten Sprossen der Fahrten und das Zuschlagen des Schachtdeckels, wie oft hatte er es in unmittelbarer Nähe gehört. Sollte er sich so Täuschen? Nun waren gar Schritte auf der Treppe zu hören. Um diese Zeit meldet sich doch kein Bergmann mehr beim Obersteiger ab und schon gar nicht, wenn Vater so krank da lag. Noch bevor er aufstehen und nachsehen konnte ging plötzlich die Kammertür auf. Drei Bergleute in altertümlicher Tracht standen vor seinem Bett. Die Blenden am Riemen vor dem Bauch brannten ganz hell, genauso wie es bei Ausfahrten üblich ist. Er sah die starren und unbeweglichen Gesichter. Ihn schauderte gar sehr und er schloss für einen Moment die Augen. Als er sie öffnete waren die drei Bergleute wieder weg. Er hörte nur noch ihre sich entfernenden Schritte und wie die Tür ins Schloss fiel.

Er eilte in die Kammer des Vaters um die Mutter zu fragen, ob sie auch Geräusche gehört hätte. Sie sah den Sohn ganz traurig an und sagte: *„Vater ist soeben eingeschlafen.“*

Alle Geräusche hatten nur den Tod des Obersteigers angezeigt.

Ein Gebet rettet

Manchmal entgeht man nur knapp einer Katastrophe oder gar dem Tod. Am 28. Juni 1609 wollten 11 Bergleute – ein Steiger und 10 Häuer – auf dem Jungen Schacht St. Stephan zur Schicht einfahren. Wie üblich wurde aber vor der Einfahrt erst das gemeinsame Gebet verrichtet. In diesem Augenblick prasselte und rumorte es auf dem Gelände als würde etwas einstürzen. Und so war es auch. Zwei Radstuben samt der Kaue waren zusammengefallen. Alle Bergleute waren gesund und munter – durch das Gebet. Wären sie ohne dieses eingefahren, hätte das Unglück alle vernichtet.

Das Lehr- und Schaubergwerk „Alte Elisabeth".

Das vergessene Gebet

Die Arbeit der Bergleute war von jeher hartes Brot, auch zu den Zeiten als der Bergbau in und um Freiberg in höchster Blüte stand. An Feiertagen – es soll laut Überlieferung 1360 oder schon 1350 gewesen sein – war es damals üblich, dass sich die Bergleute mit ihren Familien an den Zechenhäusern trafen, plauderten, scherzten und auch tanzten. So auch auf einer großen Zeche zwischen Berthelsdorf und Erbisdorf. Während einem dieser Reigentänze ging ein Priester mit seiner Monstranz vorbei. Er war auf dem Wege zu einem schwer kranken Menschen, um ihm die letzte Beichte abzunehmen. Die Glocke läutete nun zum Zeichen des Gebets. So sehr der Glöckner auch läutete, keiner der

Tanzenden gab Obacht oder hielt inne um dem Heiligen Sakrament die Ehre zu erweisen. Keiner? Doch der Geiger hielt kurz im Spiel inne und beugte sich in die Knie. Im gleichen Augenblick tat sich an der Stelle des Tanzplatzes die Erde weit auf und riss die ganze Gesellschaft in die Tiefe. Alle Tanzenden und achtlos umherstehenden Personen wurden unterirdisch begraben. Nur der Geiger, der etwas abseits stand, konnte sich auf einen kleinen Hügel retten bis er von Helfern geborgen wurde. Dann stürzte auch dieser Hügel in die Tiefe. Von der ganzen Gesellschaft, ihrem Sonntagsschmuck und allem was sie zum Festplatz mitgebracht hatten wurde nie etwas gefunden. Deshalb erhielt die Grube den Namen „Mordgrube". In unmittelbarer Nähe zu dieser Grube soll kein nützlicher Bergbau mehr betrieben worden sein. Viele Male hat man gegraben um nach den Verschütteten und deren Schätzen zu suchen. Nachts ist immer wieder alles zusammengebrochen was am Tage erarbeitet wurde. Es gab also kein gutes Omen diese Sucharbeit. Auch im Jahre 1490, also rund 130 Jahre nach diesem schrecklichen Ereignis, soll noch ein großer gewaltiger Krater sichtbar gewesen sein; etwa halb so groß wie der Freiberger Marktplatz.
In der Kirche zu Erbisdorf gab es früher es ein großes Wandbild auf dem diesem Ereignis dargestellt war.

Schacht Turmhof

Der Turmhof Schacht (auch Thurmhof geschrieben) zu Freiberg, unweit an der Straße nach Dresden gelegen, war ein reicher Schacht mit einer großen Ausbeute. Das Berggebäude dieses Schachtes wurde zu damaligen Zeiten zu den Besten seiner Art gezählt. Aber auch hier versiegte der Silberschatz und es wurden rote Zahlen geschrieben. Der Niedergang dieser Grube hat sich im Volksmund wie folgt zugetragen:
Kunststeiger Heinrich, ein gelehrter Mann seines Faches, verstand das Maschinenwesen wie kein anderer Bergmann in seiner Umgebung. Er war so sehr von sich eingenommen, dass er von keinem anderen, auch nicht von seinem Vorgesetzten dem Obersteiger Gebhardt einen Rat oder Auftrag annahm. Es kam im Laufe der Zeit immer mehr zum Zerwürfnis zwischen den beiden Männern, die in einer offenen Feindschaft endete. Während Gebhardt ein umgänglicher Mensch war und auch ein Ohr für die Nöte der Bergknappen hatte, war Heinrich genau das Gegenteil. Man ging ihm möglichst aus dem Wege, zu sehr waren seine Habgier, Neid und Rachsucht bekannt; auch sein schlechtes

Wesen beim Kartenspiel. Einige behaupteten sogar, er habe ein Bündnis mit dem Teufel abgeschlossen.
Kunststeiger Heinrich hatte einen einzigen Sohn, den Veit. So rau und hart wie er sonst als Kunststeiger war, liebte er seinen Sohn über alles, fast abgöttisch. Veit trat in die Fußstapfen seines Vaters, wurde Bergmann und arbeitete auf dem gleichen Schacht wie sein Vater. So weit, so gut. Doch Veit ging auch eigene Wege, die Wege der Liebe. Der heiß geliebte Sohn hatte sich in Johanna, die Tochter des Obersteigers Gebhardt verliebt. Er hatte sich mit ihr auch heimlich verlobt, denn beide junge Menschen wussten um das zerstrittene Verhältnis ihrer Väter. Wenn Veit als Untersteiger bestellt würde sollte Hochzeit sein, das hatten sich die Verlobten geschworen. Nur ihre Väter müssten noch zustimmen, das war schwierig. Aber die beiden schwebten im siebenten Himmel und sahen keine Schwierigkeiten für ihre Liebe. Die Mütter beider Kinder lagen bereits seit Jahren auf dem Friedhof, die konnte keiner mehr um Rat befragen.
Johanna beichtete dem Vater ihre Liebe und auch die heimliche Verlobung. Gebhardt, der erst viele Bedenken hatte, wollte dem Glück seiner Tochter nicht im Wege stehen und gab dem Mädchen seinen väterlichen Segen. Kunststeiger Heinrich war strikt dagegen, er wollte dem Obersteiger nun noch mehr eins auswischen. Dafür machte er mit dem Teufel gemeinsame Sache und schloss mit diesem einen Pakt. Der Teufel wollte dem Kunststeiger bei seinen Plänen behilflich sein – umsonst war dies aber nicht. Am letzten Tag des Jahres war die Seele des zuletzt ausfahrenden Bergmannes aus dem Turmhof dem Teufel dafür versprochen. So sollte es sein. Sylvester kam, der Teufel wollte eine Seele und der Kunststeiger Heinrich hatte auch schon seinen Plan, einen rachsüchtigen Plan, gemacht. Die letzte Schicht des Jahres ging zu Ende und die Bergleute befanden sich nacheinander auf der Fahrt nach oben. Obersteiger Gebhardt wurde durch die feindseligen Bemühungen vom Kunststeiger noch im Schacht beschäftigt und war nun einer der letzen bei der Fahrt nach oben. Heinrich bestieg schnell vor dem Obersteiger die Fahrt, mit der fadenscheinigen Begründung, er wolle ihm das Anheben des Schachtdeckels ersparen. Er wäre dann oben in Sicherheit und der Obersteiger endlich beim Teufel, wo er ihn schon lange hinwünschte. Aber alle bösen Pläne sind nicht mit dem Geschick des Himmels gemacht. Sein eigener Sohn Veit war unbemerkt von allen im Schacht verblieben und er war der letzte Mann der die Fahrt nach oben antrat. Der Kunststeiger wunderte sich bei der

Ausfahrt, dass Gebhardt immer noch unbehelligt und ohne Schaden hinterher kam. Als er in die Runde aller Bergleute sah, wurde er blass und es ging ihm ein Licht, ein sehr spätes Licht auf. Sein Sohn Veit fehlte. Er brach bewusstlos zusammen. Nach einer Weile kam er wieder zu sich und schrie wild um sich: „Ich fahre allein in den Schacht, keiner folgt mir dem sein Leben lieb ist. Verschwindet!" Kunststeiger Heinrich fuhr allein und zum letzten Male in die Grube ein. Kräftige Beilhiebe waren von unten zu hören und lautes Krachen. Die Bergleute oben dachten, der Schacht bricht ein und sie flohen. Sie hatten Recht, Heinrich hatte mit der Axt die Gestänge der Wasserkraft zerstört und der Schacht soff ab. In diesen wild einbrechenden Wassermassen starb der rachsüchtige Kunststeiger an seinem eigenen teuflischen Plan. Der Teufel hatte an diesem Tag gleich zwei Seelen zu sich geholt.
Johanna, die liebliche Tochter, verfiel zuerst in die geistige Umnachtung als sie vom Tod ihres Verlobten hörte. Später ging sie ins Jungfrauenkloster zur heiligen Maria Magdalena und lebte dort bis zur Säkularisation.
Die Grube Turmhof lag seit diesem Sylvestertag still. Kein Segen kommt über einen Schacht, wenn der Teufel seine Hand im Spiel hatte.

Zar Peter I. zu Besuch

Zar Peter I. (1672–1725) besuchte die Silberstadt zwei Mal; vom 21.–23. September 1711 und vom 17. bis 19. Oktober des gleichen Jahres. Beim Septemberbesuch wurde er von 2.000 Bergleuten in festlicher Tracht und im Schein unzähliger Fackeln auf das herzlichste begrüßt. Gastgeschenke waren unter anderem auch hölzerne Tröge mit Silbererzen. Im Oktober besuchte er die Hütte in Halsbrücke und fuhr in Falkenberg/Niederschöna auf der Zeche ‚König August Erbstolln' ein. Dort arbeitete er selbst mit Hammer und Schlegel.
Zar Peter I. spendete den Freiberger Bergleuten 10 Fässer Wein à 50 Taler, damit sie auf seine Gesundheit anstoßen konnten.

Bildnis Peter I., Zar von Russland. Bildnis Hergestellt von Georg Friedrich Schmidt, (1712–1775) und Evgraf Čemesov (1737– 1765)

Der Donatsturm und die Bergleute

Zu einer gut befestigten Stadt, die auch Freiberg in der Vergangenheit war, gehörten eine starke Stadtmauer und die nötigen Stadttore. Durch das Donatstor gingen die Bergleute hinaus zu den Zechen. Die Elisabeth-Fundgrube lag auch da draußen vor der Stadt. Die Bergleute beschlossen, auf diesem Tor einen dicken und schönen runden Turm mit einer Höhe von 35 m bauen zu lassen. Es ist der einzige runde Turm in der Stadtbefestigung und wurde 1455 vollendet. Alle Bergleute beteiligten sich an diesem Bauvorhaben. Jeder gab von seiner täglichen Löhnung einen Pfennig für diesen Turm. Es müssen also zu vergangenen Zeiten sehr viele Bergleute in Freiberg ansässig und auch in Arbeit gewesen sein.

Der Donatsturm, im Volksmund auch der Gagenturm – nach den schwarzen Rabenvögeln die in diesem Turm brüten - genannt mit dem Donatstor.

Freiberger Eierschecke

Die Freiberger Eierschecke ist optisch viel flacher als die Dresdener Eierschecke. Warum das so ist?
In dem Rezept der Dresdner Eierschecke wird Quark verarbeitet, der bei der Freiberger Eierschecke fehlt.
Dafür gibt es einen besonderen Grund:
Die erste urkundliche Erwähnung einer Stadtmauer für die Bergstadt stammt aus dem Jahre 1233. Später, so im 14. Jahrhundert musste die inzwischen marode Mauer teilweise erneuert werden. Die typische Freiberger Eierschecke soll den Überlieferungen nach in der Regierungszeit von Markgraf Otto dem Reichen (1125–1190) und dem neuen Baubeginn an dieser Schutzmauer entstanden sein. Für diese Erneuerung wurden große Mengen an Quark benötigt, der damals wie ‚Zement' beim Bau verarbeitet wurde. Auch die Freiberger Eierschecke musste nun ohne Quark hergestellt werden. Die Bäcker machten sich Gedanken und erfanden das Rezept für die ‚Freiberger Eierschecke'. Bis heute ist sie – auch ohne Quark – bei den Freibergern und ihren Gästen sehr beliebt.
Seit 2007 ist die „Freiberger Eierschecke" markenrechtlich geschützt.

Dresdener Eierschecke (links) und die Freiberger Eierschecke (rechts).

Napoleon in Freiberg

In der Geschichte der Bergstadt Freiberg konnten immer wieder Besuche von Persönlichkeiten der Geschichte verzeichnet werden. So auch im Jahre1812, am 16. Mai. Das Königspaar unseres Sachsenlandes, Friedrich August I. der Gerechte und Gattin, begrüßte gemeinsam mit dem Bürgermeister den Feldherrn Napoleon (1769–1821) im Haus Nr. 4 auf dem Obermarkt.

Freiberg hatte sich für den hohen Gast etwas einfallen lassen. Über dem „Abrahamschacht" leuchtete hell ein großes „N" für Napoleon. Am Abend gab es einen großen Aufzug der Bergparade zu Ehren Napoleons. Alle Bergleute in ihren schmucken Ehrenuniformen waren angetreten und Napoleon der dies nicht so kannte, hielt sie für Mitglieder der Bürgerwehr und rief freudig aus: *„Ah, cèst la milice!"*.

Hier, in diesem Haus, war Napoleon zu Gast.

Vier Freiberger Wahrzeichen

Jede Stadt hat Wahrzeichen, die ihren Bürgern bekannt sein sollten. Handwerker, die einst auf ihrer Wanderschaft in Freiberg gearbeitet hatten, mussten wissen:

dass bis 1631 auf dem Dach des alten Turmes vom Peterstor ein Mannskopf von allen vier Seiten zu sehen war. Hier wurde an den Überläufer erinnert, der die Bergstadt an König Adolph von Nassau verraten hatte.

dass ... einst ebenfalls in der Nähe vom Peterstor eine stattliche uralte Statue eines Mannes stand (ähnlich dem Roland in anderen Städten). Sie trug das königlich dänische und auch das kurfürstlich-sächsische Wappen, das Stadtwappen und die Jahreszahl 1557.

dass ... am Rathaus, gut sichtbar zum Obermarkt hin, in Ecksteinen des Rathausgebäudes zwei Kreuze eingehauen waren; heute sind es drei metallene Kreuze. Die beiden Kreuze sollen mit gediegenem Freiberger Silbererzerzen gefüllt gewesen sein.

dass ... der viereckige schwarze Stein mit kaum sichtbarem Kreuz im Pflaster des Obermarktes auf die Hinrichtungsstätte des Kunz von Kaufungen hinweist. Nach dem Prinzenraub wurde er hier am 14. Juli 1455 mit dem Schwert ins Jenseits befördert.

Drei Kreuze in den Ecksteinen am Rathaus.

Alfred Mende, ein Freiberger Original

Er war ein interessierter Bergbaukenner und -liebhaber, Dachdecker, Händler, Erfinder und begabter Modellierer von Eisfiguren, von Bergmännern und sehenswerten Schaubergwerken.

Alle, die Alfred Mende kannten, erinnern sich an den berühmten Satz: „Ihr seid alle meine Freinde". Auch das Rauchen eines Zigarrillos, das er brennend in den Mund nahm, etwas Bier trank und es glühend wieder aus dem Mund brachte, bleibt unvergessen.

Alfred war auch ein fleißiger Sammler von Kalmus, den er meistens vor dem Kaufhaus in Freiberg als geschätztes Arzneimittel in ‚bares' umsetzte.

Weiteres im Buch: „Alfred Mende ein Freiberger Original".

Alfred Mende

Angstvoller Bergmann

Bergmänner sind eigentlich stille und höfliche Menschen. Im Jahre 1607 oder 1609 lobte man einen besonders wegen seinem vorbildlichen Lebenswandel. Nicht allen gefiel das. Auf der Fastnachtzeche, also zum Saufgelage an Fastnacht, nahm ihn ein anderer Bergmann zur Seite und wollte ihn zur Üppigkeit und Gotteslästerung verführen. Der sonst stille Bergmann trank einen über den Durst und führte entgegen seinem christlichen Glauben gar hässliche Reden. So sagte er dann auch: wenn er dennoch in die Hölle käme wären dort schon eine Reihe guter Gesellen vor ihm da, die hier auf Erden als biedere Leute gelten würden.
Auf dem Heimweg erschien ihm dann der Leibhaftige und wollte ihn für sich gewinnen. Er werde ihm schon zeigen, wo die guten Gesellen zu Hause sind; er werde schon Macht über ihn bekommen. Nun fuhr der Teufel mit ihm ins Bergwerg und begleitete ihn auf Schritt und Tritt. Der Bergmann fand einfach keine Ruhe mehr vor dem Leibhaftigen. Er wurde gezwickt und auf alle mögliche Art gemartert. Da wurde es dem Bergmann zu viel. Er ging zu seinem Beichtvater, bekam das Abendmahl und führte von Stund an weiterhin ein gottesfürchtiges Leben. Der Teufel hat sich bei ihm nicht mehr blicken lassen.

Der geizige Fleischer

Es soll sich in Freiberg, so berichten die Annalen, im Jahre 1684 folgendes zugetragen haben.
Die Frau des Fleischermeisters war fromm, bescheiden und allseits beliebt und dachte auch an Ärmere. Ihr Mann der Fleischermeister hatte aber ein rohes Wesen, stritt ständig mit ihr herum und fluchte gar fürchterlich. Er machte seiner Frau durch seinen Lebenswandel das Leben zur Hölle. Diese sprach oft davon, doch aus dem Leben zu scheiden. Das war nun doch nicht nötig, denn eines Tages wurde sie von Gott von dieser Welt abberufen. Nun hätte der Fleischermeister eigentlich der Schwester seiner Frau einiges vom Erbe abgeben müssen. Die Schwägerin lebte schon lange in Armut und sie brachte auch Beweise und Zeugnisse, dass sie erbberechtigt sei. Doch alles Bitten und Flehen half nichts, der Fleischer jagte sie von seinem Anwesen.
Nun geschah eines Nachts folgendes: Zur Mitternachtsstunde erschien die Verstorbene am Bett des Witwers und setzte sich auf die Kante. Der

Mann wurde wach, erschrak gar sehr und fing an zu beten: *„Gott, der Vater, wohn uns bei…"*. Doch das Gespenst rührte sich nicht und verließ auch den Sitzplatz nicht. Selbst als die Glocke der nahen Kirchenuhr bereits zwei Uhr schlug saß es noch neben dem Fleischermeister. Nochmals versuchte der ansonsten gottlose Mann sein Heil im Gebet: „Alle guten Geister loben den Herrn!"
Da stand das Gespenst auf, trat etwas vom Bett zurück und sprach ganz deutlich die Worte: „Ich auch!"
Verzweifelt fragte der Fleischer: *„Was wollt ihr von mir? Geht doch wieder fort, geht dahin wo ihr hingehört!"*
Die Antwort der Angesprochenen lautete: „Ich will, dass Ihr meiner armen Schwester ihren Erbteil übergebt". Nun verschwand der Geist durchs Fenster, hat sich aber in der selbigen Nacht auch noch ein Stockwerk höher, bei einer Mieterin des Hauses, bemerkbar gemacht. Auch dort mit dem Anliegen darauf einzuwirken, dass der Fleischermeister das nötige Erbteil auch auszahlt. Als Beweis seiner Anwesenheit warf der Geist einen Krug um und verschwand für immer.
Ob das Erbteil nun ausgezahlt wurde ist allerdings nicht überliefert.

Weithin sichtbar sind die oberirdischen Anlagen, des Besucherbergwerkes ‚Reiche Zeche' mit den Seilrädern zur Beförderung von Bergleuten und Material.

Bergmannes Beichte

Der alte ehrliche Bergmann Benedix Reisiger aus der Viehgasse in Freiberg - unweit dem Peterstor – lag schwer krank darnieder und hatte wohl nicht mehr lange zu leben; so wird es im Jahre 1537 berichtet. Reisiger war für sein gottgefälliges Leben und für seine Frömmigkeit überall bekannt. Nun beobachteten die Nachbarn wie er eines Tages, als er schon krank danieder lag, Besuch bekam. In Gestalt und Kleidung eines Geistlichen kam der Satan zu ihm, um ihm die Beichte abzunehmen und so seine Seele für sich zu gewinnen. Er hatte Papier bei sich, fast so groß wie eine Kuhhaut und auch einen Griffel, um alles niederzuschreiben. Er sprach dem Bergmann leutselig zu alles zu beichten, er würde es zu Papier bringen. Der Bergmann erschrak gar sehr, denn einen Schreiber hatte er in seinem kleinen bescheidenen Haus noch nicht empfangen. Doch als gottesfürchtiger Mann fand er bald seine Fassung wieder und antwortete: *„Wenn du von mir armen Sünder alle Sünden aufschreiben willst, so schreibe zuerst folgenden Satz: ‚Des Weibes Samen, Jesus Christus, hat der Schlange den Kopf zertreten‘.“* Das gefiel dem Satan aber gar nicht und er verschwand so schnell wie er gekommen war und nahm Papier und Tinte auch gleich wieder mit. Zurück blieb, wie in solchen Fällen üblich, nur der abscheuliche Gestank nach Schwefel. Der alte Bergmann schlief kurz darauf in festem Glauben an Gott friedlich und sanft ein.

Wallfahrt der Zisterzienser

Freiberger Zisterzienser Mönche, Bergleute und Einwohner hatten zu Silvester anno 1212 beschlossen eine Wallfahrt zum Muttergottesbild nach Ebersdorf zu machen. Sie wollten der heiligen Jungfrau für den reichen Silbersegen danken, der im Freiberger Bergbaugebiet die Leute so reich und glücklich gemacht hatte. Der Winter war kalt und grimmig, die Wege zugeweht von Schnee und selbst die Flüsse zeigten vielerorts eine geschlossene Eisdecke. Das konnte die Mönche aber nicht von ihrem Vorhaben Wallfahrt abhalten. Auch nicht der Gedanke daran, dass in letzter Zeit häufig solche Pilgerfahrten von den Raubrittern aus Schellenberg und Lichtenwalde überfallen und ihre wertvollen Geschenke geraubt wurden. Der Schirmvogt des Klosters und eine weitere Schar von Reisenden begleiteten den Zug zum Muttergottesbild. Es kam wie es kommen musste, die Raubritter überfielen diesen frommen Zug. Sie hatten aber nicht bedacht, dass der Schirmvogt und seine Begleiter sich sofort kämpfend entgegen stellten um die Mönche zu schützen. Der Zug kam dennoch ins Stocken, die Mönche jammerten und flohen ins Gebüsch um ihr Leben zu retten. Die Räuber waren erschrocken über den heftigen Widerstand, wollten nun über die fast zugefrorene Flöha entweichen und ohne Beute wenigsten ihr Leben retten. Einige starben in den eisigen Fluten. Weil das Eis zu dünn war, gab es nach und die Räuber ersoffen gar schrecklich. Der Rest der Bande flüchtete in eine nahe Felsenschlucht. Schon wollten die Mannen des Schirmvogtes hinterher, doch er hielt sie in weiser Voraussicht zurück. *„Warum, fragte er seine mutigen Kämpfer, sollen wir unser Leben opfern, wenn es auch anders geht?"* Er ließ seine Knechte Bäume fällen, Reisig zusammentragen und große Haufen aufschichten die sie dann anzündeten. Wenn die Haufen lichterloh brannten wurden sie in die tiefe Schlucht befördert. Immer neue Holzstöße folgten und das Raubgesindel wurde regelrecht ausgeräuchert. Sie kamen alle in den Flammen um. Die Wallfahrt wurde ohne weitere Zwischenfälle fortgeführt und beendet. Auch künftige Wallfahrer mussten nun keine Bange mehr um ihr Hab und Gut und das eigene Leben haben. Die Felsenschlucht bekam seit diesem Vorfall den Namen Höllengrund. Auf dem Schellenberg steht nun schon seit langer Zeit die Augustusburg.

Margaretes Traum

Der Dreißigjährige Krieg tobte mit all seiner Grausamkeit durch die Lande, auch Freiberg blieb davon nicht verschont. Man schrieb das Jahr 1642. Torstenson, Lennart (1603–1651) der Befehlshaber der schwedischen Truppen, hatte Freiberg fest umzingelt. Es war wohl nur noch eine Frage der Zeit, wann die alte ehrwürdige Bergstadt sich der Übermacht ergeben musste. Zu dieser Zeit lebte Margarete, die Tochter von Christian Landrock, in Elterlein. Diese junge sittsame Frau von 24 Jahren war noch ledig und wegen ihres tadelfreien Lebenswandels geachtet. Sie fürchtete die Schweden und deren Grausamkeiten und hoffte gar sehr, dass Freiberg nicht in die Hände dieser Truppen fallen sollte. Dafür betete sie auch täglich. Am Morgen des Neujahrstages anno 1643 erzählte sie ihren Eltern und Geschwistern beim Frühstück von ihrem nächtlichen Traum.

Sie hatte von der Stadt Freiberg geträumt, die der Schwede Torstenson an einer langen Kette in Gefangenschaft hielt. Da erschien ihr ein Ritter in sehr vornehmer Kleidung, zückte sein scharfes Schwert und mit einem kräftigen Hieb zerteilte er die Kette. Torstenson kam dabei zu Fall, seine Soldaten ergriff die Panik und in wilder, planloser Hast flohen sie von dannen. Margarete war glücklich über diesen Traum und erzählte ihn allen Leuten mit denen sie in Kontakt kam und sprach ihnen damit Mut zu. Allerdings wurde ihr Glaube an diesen Traum und dessen Erfüllung noch auf eine lange Probe von sieben Monaten gestellt. Erst dann beendeten die Schweden vor Freiberg ihre Belagerung und zogen erfolglos ab. Freiberg war weithin zu einem Fanal geworden, es hatte sich den Schweden nicht ergeben.

Bauerhase* zur Fastenzeit

Freiberg wurde in seiner Blütezeit der reichen Silberfunde auch gern vom Markgrafen Friedrich mit der gebissenen Wange (1257–1324) besucht. Hier konnte man einen reichen Hof halten, hatte Abwechslung bei Speis und Trank und der Kaplan von St. Marien war ebenfalls ein guter Zecher, aber auch ein wortwitziger Unterhalter. An einem Fastnachtsdienstag hatte man allen Tafelfreuden wieder einmal reichlich zugesprochen und kurz vor Mitternacht, also dem Beginn der Fastenzeit, gelüstete es den Markgrafen nach einem Hasenbraten. Der Kaplan widersprach, dies hieße doch die Gebote Gottes zu brechen. Der Wortwechsel ging hin und her, dem Markgrafen wurde die Sache zu lang und er rief kurzentschlossen den Koch zu sich. Der Koch namens Bauer hörte sich den Wunsch des Landesherrn an, hörte aber auch auf die Widerrede vom Kaplan. Der Mann, ein Fachmann seines Berufes und voller Witz, versprach beiden Herren gerecht zu werden. Er verschwand in der Küche und im Festsaal ging, wenn auch abgeschwächt, der Disput um die Einhaltung der Fastenzeit weiter.
Der Koch nahm Teig und formte daraus einen Hasen, der einem richtigen Hasen sehr ähnlich sah, spickte ihn mit Speck und süßen Mandeln, glasierte ihn und schob ihn in die Backröhre. Es dauerte keine Ewigkeit und Bauer konnte den „Braten“ servieren. Der Markgraf besah sich die Sache und schmunzelte, nur der Kaplan war nicht einverstanden, er wollte schon handgreiflich werden und dagegen einschreiten. Kurzentschlossen schnitt der Koch den Hasen entzwei und nun kam der Teig zum Vorschein. Er wurde sofort probiert und alle befanden ihn für gut und wohlschmeckend. Der Markgraf hatte ein köstliches Gebäck, das er auch zur Fastenzeit essen durfte und dem Kaplan war

auch recht getan. Der Markgraf war von dieser witzigen Sache so angetan, dass er dieses Gebäck nach seinem Schöpfer „Bauerhase“ nannte, er es immer während der Fastenzeit auf seinem Speiseplan haben wollte und diesem so zu ewigen Ruhm verhalf.
Dieses Rezept hat die Jahrhunderte überstanden und wurde von Generation zu Generation überliefert. Auch heute noch gibt es diesen köstlichen Bauerhasen im „ältesten Bauerhasen-Herstellungsbetrieb am Platze“, in der Konditorei und Cafe Hartmann, inzwischen schon durch die vierte Generation vertreten.
* *umgangssprachlich ‚Bauernhase‘ genannt.*

Bauerhase. Dieses leckere Gebäck wird heute noch in der ältesten Konditorei am Obermarkt in Freiberg gebacken; es ist sehr beliebt.

Der geizige Bäcker

Nicht immer waren die Getreideernten gut und auch für alle ausreichend. Es soll sich im Jahre1571 zugetragen haben, als es eine sehr schlechte und auch geringe Getreideernte gab. Einige pfiffige Bäcker aus der Bergstadt hatten noch eine größere Menge Mehl ganz wohlfeil auf dem Markt erwerben können. Ein Bäcker hat dabei wohl übertrieben, mit dem Preis und auch mit der Größe des gebackenen Brotes. Auf die Frage eines sehr armen Käufers, ob er für diesen Preis das Brot nicht doch ein bisschen größer backen könne, antwortete er von oben herab: „Ich will des Teufels sein, wenn ich die jetzigen Preise für mich nicht nutzen würde". Kaum waren diese hässlichen Worte aus seinem Munde heraus, da fiel er ohne fremde Einwirkung tot vor seinem Backofen um. Der Teufel hatte ihn gleich geholt.

Der Aufhocker

Der heimische Busch, ein Waldstück unweit der Bergstadt Freiberg gelegen, war einst das zu Hause des Geistes Mützchen. Dieser Kobold war ein sehr gespenstiges Huckaufmännlein. Er sprang den Wanderern, Reisenden, oder auch den Waldarbeitern auf den Rücken und ließ sich ein Stück des Weges tragen. Dabei wurde die Last immer schwerer und so mancher brach durch die Schwere auch zusammen oder wurde danach krank. Ließ die Kraft des Trägers merklich nach, sprang der Geist von ihm ab und hüpfte auf einen nahen Baum. Dort sicher angekommen, ließ er ein helles Gelächter hören. Manche erzählten, es hätte sich schmetternd wie bei einer alten Trompete angehört, andere verglichen es mit dem Geckern eines Eichkaters. Den Berichten nach soll der Geist besonders im Jahre 1573 sein Unwesen getrieben haben.

Eine Butterfrau, die immer selbst gefertigte Butter von ihrem Hof in die Stadt trug, fand eines Tages am Wegesrand in diesem besagten heimischen Busch einen prächtigen runden Käse. Na, das war doch ein Fund der machte richtig froh und glücklich. Sie war wohl sehr materiell denkend und hatte auch gleich den möglichen Erlös für sich im Kopf errechnet. Sie packte den Käse in den eigenen Tragkorb und ab ging es in Richtung Heimat. Der Korb wurde fast mit jedem Schritt schwerer und sie wurde von der Last zu Boden gezogen. Ein Mühlstein rollte aus der Kiepe und aus dem nahen Busche kam das grelle Lachen vom Geist Mützchen. Deshalb sagte man auch in den vergangenen Zeiten, wenn einer besonders hell und schrill lachte: *„Der lacht wie ein*

Kobold". Den Namen soll der Geist Mützchen von seiner Nebelkappe haben, damit konnte er sich unsichtbar machen. Unsichtbar machte er sich oft, Kappe auf und keiner konnte ihn mehr sehen. Seine Späße konnte er dann aber besonders gut treiben.

Die Tulpenkanzel

Die kunstreich gearbeitete Tulpenkanzel im Dom zu Freiberg sollte man sich bei einem Besuch der altehrwürdigen Bergstadt schon ansehen. Ihr 500. Geburtstag wurde 2005 würdig gefeiert. Die Kanzel ist 11 Ellen hoch und hat die Form einer Tulpe – oder doch einer Lilie oder Rose? Eins ist sicher, es ist ein Meisterstück steinhauerischer Arbeit. Ein starker Jüngling, vielleicht der Geselle oder ein Bergknecht, trägt oder stützt diese Kanzel. Berichtet werden verschiedene Versionen. Das Werk des Gesellen war schöner und ausdrucksstärker als des Meisters Arbeit – wird erzählt. Darüber geriet dieser so in Rage, dass er den Gesellen erschlug. Bevor dieser seinen letzten Atem aushauchte verfluchte er die Kanzel auf ewig.
Ein Prediger könne deshalb niemals diese Kanzel besteigen, weil sie ihn nicht trägt. Außerdem fehle dieser Kanzel wohl der nötige Halt um eine ausgewachsene Mannsperson oben zu tragen und die Dauerhaftigkeit sei fraglich. ...

Der Untermarkt mit dem Dom St. Marien. Gegenüber das Stadt- und Bergbaumuseum der Stadt Freiberg.

Nikolaus Hausmann, der erste Prediger der Lehre Luthers in der Bergstadt, brach bei einer Predigt im Jahre 1538 auf dieser Kanzel zusammen und verstarb kurz darauf.

Die Tulpen-Kanzel 1918. Postkarte: Sammlung Harald Rockstuhl

Zwei weitere Domsagen

Vor der Goldenen Pforte (erstes Figurenportal auf deutschem Boden) des Freiberger Domes stand ehemals eine Kreuzgangkapelle. Hoch oben an dieser Wand im Domkirchhof waren die Reste dreier eingemauerter Totenschädel zu sehen. An diesem heiligen Ort spielten einst drei Schüler Karten und der Teufel selbst soll diese Frevler an die Wand geworfen haben. Die Köpfe wurden zur Mahnung eingemauert. Diese alte Kapelle ist leider nicht mehr vorhanden.

Einst waren an der Außenwand des heutigen Stadt- und Bergbaumuseums – ehemalige „Thürmerei“ – zwei Steinfiguren, allerdings schon recht verwittert, zu sehen. Sie sollten „Jesus“ und „Maria“ darstellen, hatten aber keine Köpfe mehr. Nun wird erzählt, dass der Pastor Dr. Schenk in seinem jugendlichen Überschwang zu Zeiten der Reformation in seiner Art der Bilderstürmerei mindestens **Jesus** den Kopf abschlug.

Der weiße Hund

Ein weißer Hund war des Bürgermeisters Tod. Im Jahre 1654 lungerte mehr als drei Monate ein weißer Hund vor der Haustür des damaligen Bürgermeisters herum. Hatten die Stadtbüttel ihn endlich umstellt und wollten ihn greifen war er flugs entwischt. So ging dies jede Nacht. Oft war er nur wenige Straßen weiter bereits wieder sichtbar. Inzwischen waren fast sechs weitere Monate vergangen und manche dachten gar nicht mehr an den nächtlichen Spuk, da starb der Bürgermeister. Er hatte in den Monaten als der Hund vor seiner Tür auftauchte solche Angst und Qualen ausgestanden, dass er es nicht überlebte.

Bischof Wolfgang wird Schutzpatron

Freiberg war durch den reichen Silbersegen eine hoch gepriesene Stadt, die von den weltlichen und geistlichen Herren gern besucht wurde. Auch Bischof Wolfgang kam nach Freiberg, um im Dom „St. Marien“ eine Predigt zu halten und Gott für seine Güte und auch den reichen Bergsegen zu danken. Auf dem Weg zum Dom, in seinem prächtigen Ornat, säumten viele Freiberger die Straße, sie wollten den Bischof sehen und seinen Segen einholen. Aus dieser Menschenmasse löste sich ein alter Mann, ein Bettler. Er kniete sich vor dem Bischof hin, küsste seinen Mantelsaum und flehte um eine Gabe. Er könne auf Grund seines Rheumas nicht mehr arbeiten und bat um ein Almosen. Alle Umstehenden waren verzückt vor Rührung über das Leid des Bettlers und seinen wohl überlegten Auftritt. Nur Bischof Wolfgang, der so etwas schon oft erlebt hatte, blieb relativ kühl und zurückhaltend. *„Wenn du wirklich krank bist und das Rheuma dich plagt, so möge Gott dir die Krankheit von deinem Körper nehmen. Hast du sie jedoch nur erfunden, um nicht zu arbeiten und Almosen zu erbetteln, dann soll sie für den Rest deines Lebens dein ständiger Begleiter sein"*. Der Bettler schaute den Bischof an und man bemerkte wohl die Wirkung dieser Worte. Er begann sich zu erheben und brach unter lautem Wehgeschrei zusammen. Jetzt hatte ihn Gott wirklich gestraft. Alle glaubten an die Richtigkeit dieses gesehenen Gottesgerichtes. Der Bischof Wolfgang wurde nun noch stärker verehrt. Weil es in Freiberg geschah haben später die Freiberger Bergleute St. Wolfgang zu ihrem Schutzpatron erwählt. Die Bergleute und Einwohner von Schneeberg bauten eine neue Kirche für ihre Stadt und gaben ihr den Namen „St. Wolfgang".

Lips Tullian

Jedes Kind und Erwachsener von Freiberg kannte einst die Räubergeschichten der Bande um Lips Tullian. 1675 in Straßburg geboren entlief er später den Söldnertruppen und wurde selbst Anführer der „Schwarzen Garde". Im Colmnitztal hatte diese Bande ihr geheimes Lager. Von hier aus wurden die Überfälle in die benachbarten Orte, insbesondere auch in Kirchen, unternommen. Tuttendorf und Conradsdorf oder Hilbersdorf und Oberbobritzsch waren kleine Ausflüge für Räuber. Sie stahlen auch in Leipzig, Glashütte und in Altenburg.

Von etwa 1700 bis zu seiner Ergreifung 1711 trieben sie ihr Unwesen in dieser Region. Mancher Pfarrer und Gastwirt, aber auch Bauer und Häusler hatte sein eigenes Nachtgebet: *„Herr, erlöse uns von dem Übel und von Lips Tullian"*. Nicht die Großen hatten Angst um ihr Habe, die Kleinen waren es ganz am Anfang. Lips und seine Bande wurden immer dreister und die Überfälle auf Kirchen immer häufiger. Das konnte und durfte aber nicht sein.

Es wurde alles versucht ihn zu erwischen – und am 29. September 1711 in Freiberg, zum Michaelistag, gelang es endlich. Aber sehr bald wurde ein Fluchtversuch entdeckt und die Obrigkeit reagierte prompt. Am Hals und an den Händen wurde er an die Kerkermauer geschmiedet, an den

Füßen wurde er an den Fußboden gefesselt. Lips Tullian der große Räuber saß nun fest. Es dauerte fast einen Monat, genau 26 Tage, dann war sein Widerstand gebrochen und er gab viele seiner Schandtaten zu. Erst am 08. März 1715 wurde er in Dresden hingerichtet.
Im Bereich der Diebeskammer, so wurde die Gegend genannt in der er sich damals versteckte, sollen noch immer viele seiner geraubten Schätze ruhen.

Die schöne Polyrena

Johann Gartewitz aus Freiberg lebte einige Jahre in Rom und hat dort als Doktor des Kanonischen Rechts gewirkt. In dieser Zeit vermählte er sich auch mit einer schönen Italienerin und wurde Vater der schönen Polyrena. Als seine Frau plötzlich das zeitliche segnete ging er nach Freiberg zurück und wurde hier Canonicus. Seine Tochter, wegen ihres einmaligen Aussehens auch schöne Polyrena genannt, brachte er ebenfalls mit Freiberg und gab sie dem Brauherrn Andreas Böhme zur Frau. Polyrena hatte wohl zuviel Hitze im Blut und betrog ihren Ehemann mit dem Soldaten Martin Krebs. Der wollte jedoch die Schöne nur für sich und stiftete sie zum Mord an. Er brachte ihr Gift, das sie ihrem Ehemann gab. Es wirkte jedoch nicht so schnell wie es sich Polyrena vorgestellt hatte; sie half mit dem Brotmesser nach und beförderte so ihren Gatten ins Jenseits. Sie erzählte allen er hätte es selbst getan, um sich der Schmerzen zu entledigen. Geglaubt hat man ihr diese Story nicht. Sie wurde abgeholt und am 3. September anno 1522 enthauptet und danach aufs Rad gebunden.

Der ausgerissene Affe

Im Schloss Freudenstein hat sich anno 1528, es soll ganz genau der 3. September gewesen sein, ein Affe los gebunden und ist ausgerissen. Raus aus dem Schloss spazierte er gradewegs in ein Haus hinein. Dort stand eine Wiege und darinnen lag ein kleines noch in Windeln gewickeltes Kind. Dieses nahm der Affe an sich und verschwand in den Straßen und Gassen der Stadt. Die Meute der Menschen die ihn jagten und gafften wurde immer größer und der Affe kletterte auf ein Hausdach. Dort oben hat er sich das Kind erst einmal besehen und auch völlig aus den Windeln befreit. Natürlich saß der Affe dabei nicht still, sondern turnte mit dem Kind auf dem Dach umher. Jeder der unter stehenden Menschen dachte, nun ist es um das Kindlein geschehen. Inzwischen war sein Herr und Meister herbeigeeilt und rief den Affen zu sich. Er kam auch und reichte dem Meister das Kind. Es war zwar nackt, aber unversehrt und das war ja viel wichtiger. Die Umstehenden waren sehr verwundert und konnten dies nur Gottes Güte und Bewahrung gegenüber dem Kinde zuschreiben.

Ein großer Stadtbrand

Geflucht wurde wohl zu allen Zeiten seit es Menschen auf dieser Welt gibt. Werner Kühn, der Bäcker aus der Burggasse, tat es auch – allerdings mit ungeheuren Folgen. So soll es am 24. Juli 1471 geschehen sein:
Das Holz im Backofen war noch nicht richtig getrocknet und wollte demzufolge nicht brennen. Er hatte seine liebe Not damit und in seiner Rage rief er aus: „Verfluchtes Feuer, so brenne doch in aller Teufels Namen“. Kaum hatte er diesen Satz gesprochen, da schlugen die Flammen weit aus dem Feuerloch hervor und setzten sein schönes Haus in Brand. Es ging alles so schnell, dass keiner das Feuer eindämmen konnte. Alle Bemühungen zum Löschen halfen nicht. Nur drei Stunden später lag die halbe Stadt in Schutt und Asche. Die Frauenkirche, die Meißner Gasse und ein Teil der Sächsstadt standen noch. Alle anderen Gebäude, meist Holzhäuser, waren ein Raub der Flammen geworden.

Halsbrücke

Die Entstehung

Ob nun ganz wahr oder frei erfunden, berichtet wird:
Es geschah im Jahre 1455: Unweit von Rothenfurt und Halsbrücke führt über die Mulde eine Brücke, sie wird „Halsbrücke“ genannt. In Freiberg wartete einst der Prinzenräuber Kunz von Kaufungen auf die Vollstreckung des Todesurteils. Angeblich soll der Kurfürst den Prinzenräuber begnadigt haben, sagen die Historiker. Beweise gibt es dafür aber nicht. Erzählt wird, dass der Bote mit der Begnadigung bis zur Mulde bei Halsbrücke kam. Dort hatten nach starkem Regen die Wassermassen die Brücke weggerissen. Ein Übersetzen über den zum Fluss gewordenen Bach war nicht so einfach. Es gelang dennoch und der Bote erreichte Freiberg, allerdings zu spät, denn Kunz von Kaufungen hatte seinen Kopf schon verloren.

Belegt soll sein, dass Halsbrücke seinen Namen nach einer anderen Brücke beim alten Vorwerk (1349) „zuo dem Halse“ erhielt.

Früher führte auch die Mulde, hier die Altväterbrücke bei Halsbrücke, mehr Wasser. Vielleicht stand an dieser Stelle der Mann bis zum Hals im Wasser?

Reiter ohne Kopf

In früheren Jahren erzählte man sich in und um Halsbrücke noch die Geschichte vom Reiter ohne Kopf. Im Schulhof, besonders in dessen westlichem Teil, sei er immer in wildem Ritt um die Wasserpumpe herum gesehen worden.

Mit diesem Spuk wird aber auch eine gruselige Geschichte in Verbindung gebracht:

Ein Soldat war auf Urlaub in sein Dorf Halsbrücke gekommen. Am anderen Tage lag er in der Mulde nahe der Erzschmelze – tot. Sein bester Freund, mit dem er am Vorabend noch zusammen war, wurde nun verdächtigt ihn ermordet zu haben. Beweisen konnte man dem jungen Manne aber nichts.

Der Freund, so wird berichtet, hat sich Jahre später an einer taubstummen Frau unsittlich vergangen. Er hat die Strafe sehr gefürchtet und beging Selbstmord. Eine Dynamitpatrone hatte sich dieser Bergmann aus dem Schacht mit nach Hause gebracht. Er stecke sich diese in den Mund und zündete sie mit einer brennenden Zigarette an. Die folgende Explosion riss ihm den Kopf ab.

Der Geist dieses Selbstmörders soll nun, so der Volksmund, im Grabe keine Ruhe gefunden haben und ist als nächtlicher Reiter ohne Kopf umhergegeistert. Manche wussten auch, dass dieses Umhergeistern auch die Strafe für den Tod seines besten Freundes sei.

Der Johannisbruch

Im 17. Jahrhundert entstand eine tiefe Kluft die sich zur Mulde hin und auch danach noch fortsetzte. Ihren Beginn hatte sie unweit des alten Vorwerkes Hals. Alte Bauten der einst so mächtigen und reichen Fundgrube St. Johannis sollen dort immer wieder, besonders schlimm aber am 12. März anno 1662, zusammengebrochen sein. Da nun dieser Bruch unweit von der Fundgrube St. Johannis geschah, erhielt er auch den Namen „Johannisbruch". Es wird aber auch berichtet, dass dieser Einbruch an einem Johannistag, also am 24. Juni gewesen sein soll. An diesem Tage aber hätten die Bergleute einen Feiertag begangen und keiner von ihnen kam bei diesem Ereignis ums Leben.
Dieser Bruch wurde aber später durch den Haldensturz der Grube Beihilfe verschüttet.

Postkarte um 1910. Postkarte: Sammlung Harald Rockstuhl

Hirschfeld

Die Kletterrose „Katharina von Bora“ im Europa-Rosarium Sangerhausen.

Katharina von Bora

Es gilt als sehr wahrscheinlich, dass Katharina von Bora hier, in der Kirche in Hirschfeld, Ende Januar Anno 1499 getauft wurde. Historiker haben immer wieder versucht, die genaue Herkunft der späteren Ehefrau von Martin Luther zu entschlüsseln. Nun ist man sich sicher: Der Vater ist der Ritter Hans von Bora aus Hirschfeld und die Mutter Anna von Haugwitz. Eine kleine Ausstellung innerhalb der „offenen“ Kirche zeigt noch allerhand Sehenswertes hierzu.
Der sächsische Lutherweg führt genau an der Kirche zu Hirschfeld vorbei.

Kleine Ausstellung zur Katharina von Bora in der Kirche zu Hirschfeld

Kirchbach

Heertanne am Kreuzweg

Genau an der Wegekreuzung von Oberreichenbach nach Oberschöna und dem Weg von Kirchbach nach Linda stand einst eine riesengroße Fichte. Sie wurde nach ihrem Standort nur die ‚Kreuztanne' genannt. Diese mächtige schöne Zitzenfichte soll bereits einen Meter über dem Boden einen Durchmesser von drei Meter gehabt haben. Sie soll, so wird berichtet, über 30 m hoch gewesen sein.
Genau an dieser Stelle soll sich in altheidnischen Zeiten, also lange vor Christi Geburt, eine Opferstätte befunden haben. Hier, an dieser Wegkreuzung, hat das ‚Wilde Heer' Wotans in den 12 Nächten gerastet; so wird es berichtet.
Im Dreißigjährigen Krieg soll es ein Rastplatz oder Heerlager für die durchziehenden Söldner gewesen sein. Hier tränkten sie am nahen Bach, am Heerborn, ihre Pferde.
Der Räuber Hartekopf soll an dieser Stelle kugelfest gesprochen worden sein. Dazu wurden das Herz einer Fledermaus, drei Tropfen Blut von einem Vatermörder und ein Zweiglein Eisenkraut zusammengemörsert. Diese Mischung sollte den Räuber vor feindlichen Angriffen schützen.
Erzählt wurde auch, dass an dieser Wegekreuzung einst Zigeuner gerastet haben. Um 1910 haben Einwohner aus den umliegenden Orten, besonders aus Oberschöna, hier eine Zigeunerfamilie bei ihrer Rast beobachtet.

Kleinwaltersdorf

Das Mönchskalb

Nicht alle Vorkommnisse in der Natur konnten in früheren Zeiten von den Menschen eindeutig geklärt werden, sondern sie wurden so wie man es gerade brauchte ausgelegt. So geschah es auch mit dem „Mönchskalb" aus Kleinwaltersdorf.
In Freiberg wurde im öffentlichen Kuttelhofe anno 29. Juno 1523 bei einer geschlachteten Kuh ein missgebildetes Kalb gefunden. Die Kuh gehörte einem Bauern aus Kleinwaltersdorf, unweit von Freiberg gele-

gen, heute inzwischen eingemeindet. Diese Missbildung nannte man Mönchskalb. Der Kopf war ungestaltet und rundlich und hatte eine Platte wie ein Pfaffe samt zwei großen Warzen, die fast wie zwei kleine Hörner aussahen. Das Untermaul soll eine gewisse Ähnlichkeit mit dem Gesicht eines Menschen gehabt haben. Das obere Teil des Maules samt der Nase wiederum sah einem Rindvieh gleich. Lang hing die Zunge aus dem Maul heraus. Wie die gewundene Kutte eines Mönches sah die Haut an Hals und Rücken aus. Die Seiten und die Beine waren voller Ritzen und Schnitte. Die Haut sah aus, als wäre sie zerschnitten und zerhauen worden.

Nun begannen die Deutungen. Hieronymus Emser und Johannes Kochläus, zwei treue Katholiken meinten, es sähe dem Mönch Luther ähnlich. Luther aber stellte dieses Mönchskalb neben den Pabstesel und deutete es auch in einer Schrift so.

Klar ist, dass dieses Mönchskalb dem Ansehen der Geistlichen auf katholischer Seite zu dieser Zeit geschadet hat. Die Reformation war auf dem Vormarsch, auch wenn Sachsen noch Katholisch war. Bergleute dichteten ein Schimpflied, Mönche und Pfaffen wurden darin verhöhnt. Der Fleischer habe, so dies Lied, das Fleisch von dieser Kuh den Mönchen und Geistlichen zum Verzehr überlassen und diese hätten es auch nichts ahnend gegessen.

Kleinwaltersdorf 1910. Postkarte: Sammlung Harald Rockstuhl

Himmelszeichen

Es war Anno 1559 als beim Schösser* Christoph Thum Ulrich von Mordeisen in Kleinwaltersdorf Besuch aus Magdeburg angekommen war. Dann, am frühen Morgen, setzten sie ihre Reise fort und blickten, wie auch wir heute zur Wetterbeobachtung gen Himmel. Was sie da sahen erfreute ihr Herz gar sehr. In den Wolken war ein großes weißes Kreuz zu sehen und deutlich konnte man darin ein Abbild von Jesu Christi erkennen. Die Augen aller leuchteten und sie wussten, die Reise stand unter dem Schutz Gottes und die Wolke begleitete die Reisenden noch einige Zeit.

** Der Schösser war für das Eintreiben des Schosses, der Steuer, in seinem Zuständigkeitsbereich verantwortlich.*

Krummenhennersdorf

Grabentour

Wer sich mit dem Bergbau in Freiberg beschäftigt, wird auch auf die bergbauliche Meisterleitung des Rothschönberger Stolln aufmerksam. Die überschüssigen Wasser werden aus den Stolln gezielt abgeführt und zum Teil auf dem Abfluss gezielt nutzbar gemacht. Auf der Grabentour, Wanderweg entlang der Bobritzsch, kommen wir am vierten und fünften Mundloch des Rothschönberger Stolln vorbei. Neben dem Erlebnis Natur sollen auch die Geschichten und kleinen Begebenheiten der damaligen Zeit nicht in Vergessenheit geraten.

Tausendtalersprung und Kroatenstein

Am 5. Lichtloch, wo man von einer kleinen Anhöhe aus steil nach unten auf die Bobritzsch sehen kann, liegt der „Tausendtalersprung“. An dieser Stelle hat sich der Bach tief ins Gelände eingegraben, er macht eine relativ scharfe Kurve um den Fels und der Gneis schaut hervor. Irgendwann soll hier, so wurde es immer weitererzählt, eine Postkutsche wegen zu wilder Fahrt in der Kurve umgekippt sein. Sie soll viel Geld, viele Tausend Taler transportiert haben – vielleicht deshalb die wilde Fahrt. Tausend Taler fielen aus der Kutsche heraus und sprangen unter hellem Klang und Klimpern in die Bobritzsch. So entstand der Name „Tausendtalersprung“.

Krummenhennersdorf 1955. Postkarte von Alexander Köhler, Freiberg. Sammlung: Harald Rockstuhl

Unweit von dieser Stelle, einem kleinen Seitenweg etwa 50 m folgend, finden wir den „Kroatenstein". Der Erbherr von Ober- und Niederrheinsberg, ein Lorenz von Schönberg, setzte sich 1632 gen Freiberg ab, als die kaiserlich-österreichischen Truppen Rheinsberg und damit auch sein Schloss besetzt hatten. Die Flucht nach Freiberg gelang – allerdings mit Folgen. Er floh quer durch den Wald und wurde vom Schuss eines ihm folgenden Kroaten verletzt. Trotz dieser Verwundung schaffte er den Weg bis Freiberg, dort starb er zwei Tage später an seinen Verletzungen.

Langenau

Bergmannsfluch

Die Annalen berichten, dass am 24. April 1852 der Bergmann Friedrich Ferdinand E. von seiner langen Schicht unter Tage in sein Heim, dass er ganz allein bewohnte, heimkehrte. Er machte Feuer und setzte sich zum Abendbrot nieder, zu dem er täglich auch einige Selbstgebrannte trank.

Müde von der harten Arbeit, der wohltuenden Wärme und dem Schnaps schlief er bald ein. Kurz vor vier Uhr schreckte er hoch, der Kamin war kalt und nur der kalte Wind des Spätwinters dieses Jahres war zu hören. Er legte Holz nach, doch es wollte trotz der warmen Asche in die er blies nicht brennen. Noch verschlafen fluchte er los: *„So soll dich doch der Teufel holen"*. Kaum waren seine Worte verhallt, kamen Blitz und Knall aus dem Ofen und bald stand die ganze Hütte in Flammen. An diesem Tag musste er der Arbeit fern bleiben.
Ein gutes hatte das ganze Unheil für ihn doch: er wollte sein Leben lang nicht mehr fluchen und keinen Tropfen Alkohol trinken. Er arbeitete nun noch fleißiger Untertage, wurde von allen geachtet und fand für sich und sein neues Haus auch eine liebe Frau.

Holzweibchen und die fleißige Näherin

Auch um 1800 war das Leben der Bergleute sehr hart und karg. Man konnte damit die Familie kaum ernähren und so manche Ehefrau musste, meist mit Näharbeiten, mithelfen um alle satt zu bekommen. So verdingte sich auch Auguste, die Frau vom Bergmann Gotthard. Mit Erlaubnis des Försters ging sie oft in den Freiwald um Holz für die Feuerung, besonders für den Winter, zu sammeln. Ihr Karren war randvoll mit Ästen beladen und schwer ziehend ging es nach Hause. Hinter ihr keuchte es plötzlich ebenso schwer und laut. Sie sah hinter sich eine Alte, die einen ebenso großen und voll beladenen Wagen mit Brennholz zog. Aber sie schaffte es kaum den Wagen zu ziehen. Die humpelnde Alte bat Auguste freundlich, ob sie ihren Wagen bis zur nächsten Kreuzung ziehen könne, weil sie ihr Bein neu verbinden müsste und Auguste half ihr gerne. Die Alte verband ihr Bein mit einem Stofffetzen aus ihrem Kittel und konnte wieder gut laufen. Auguste nahm noch das Bündel der Alten und trug es bis zur Weggabelung. Und sie fragte noch, wie sie in ihrem Alter und mit dem Bein eine so schwere Last bewältigen könne. Da lächelte die Alte nur und hatte freundliche Worte für Augustes Hilfe. Sie schenkte ihr sogar noch eine Rolle Nähgarn und das war eine Freude, Nähgarn war teuer und sie besaß nun eine ganze Rolle!
Sie ging nach Hause, kümmerte sich um Haus und Garten und fing dann mit der Näharbeit an. Sie wollte nun gleich die Wäsche für Frau Rudolf, die Rittergutsbesitzerin, ausbessern. Sie nahm das neue Nähgarn und begann die Arbeit. Sie staunte, als die Nadel wie von selbst

durch den Stoff flog und das Nähgarn auf der Rolle gar nicht abnahm. Sie dachte dabei voller Freundlichkeit an die Alte. Gotthard staunte nur noch wie fleißig seine Frau arbeitete und er war so stolz darüber, dass sich der Wohlstand der Familie mehrte. Er lobte seine Frau oft dafür und die lächelte nur. Das Geheimnis – ihr Geheimnis – hat sie nie preisgegeben.

Langhennersdorf

Die Reliquie

Ein kleines kunstvoll verziertes Kästchen mit einem Knöchlein der heiligen Walpurgis wurde vor vielen Jahrhunderten in der Pfarre von Langhennersdorf sorgfältig aufbewahrt. Der Pater hütete dieses Kästchen, als wäre darin sein eigener Schatz. Doch auch Gottesdienern kommen dann und wann Zweifel und so erging es auch diesem Menschen. Er griff zum Kästchen um es zu öffnen und da geschah es. Seine Hand blieb gekrümmt, er konnte sie nicht bewegen und sie ließ sich nicht vom Kästchen lösen. Einige Gebete waren schon vonnöten, damit sich die Hand wieder bewegen ließ. Die Sache wurde bekannt und es

Langhennersdorf mit Pfarrhaus, Schule und Kirche um 1900.
Foto: Sammlung Harald Rockstuhl

setzte ein regelrechter Pilgerstrom nach Langhennersdorf ein, denn nun wollte jeder einmal das Kästchen anfassen, es aber nicht öffnen. Das Staunen war riesengroß.

Naundorf

Der Mittelpunkt von Sachsen

Unweit der Diebeskammer im Tharandter Wald wurde der Geografische Mittelpunkt Sachsens festgelegt.
Der richtige Festpunkt liegt rund 250 m weiter östlich, in einem nur schwer zugänglichen Waldstück. Deshalb wurde die Granitstele hier, oberhalb des Freibades von Naundorf, errichtet. Der Weg dahin ist gut begehbar.

Der Mittelpunkt Sachsens.

Als Besonderheiten der Region dieses Sagenbuches sind hier der Geographische Mittelpunkt und in Bräunsdorf der Physikalische Schwerpunkt als Mittelpunkt des alten Sachsenlandes zu finden.

Niederbobritzsch

Schöps von Löweneck

Anfangs des 18. Jahrhunderts gehörte das Erbgericht als Lehngut einem polnischen Ritter, dem Johann Jacob Schöps von Löweneck. Welch edler Name. Der Streit mit seinen Nachbarn nahm kein Ende, war gerade wieder mal Frieden gemacht worden, ließ er sich neue Heimtücken einfallen. Dem Kurfürsten August den Starken quengelte er fortwährend etwas von irgend welchen Vergünstigen für sein Lehngut vor, aber August blieb hart und hörte auf diesem Ohr nichts. Löweneck blieb bei Hofe mit seinen Bittstellungen erfolglos. Besonders Pastor Piller hatte unter seinen Launen zu leiden. Gottesfurcht und Nächstenliebe waren Löweneck fremd. So hatte Pastor Piller ihn zur göttlichen Demut angehalten und Löweneck verstopfte daraufhin dem Pastor das Röhrenwasser. Wenn es irgendwie ging mied man den Umgang mit diesem unchristlichen Menschen. Und so starb er auch nicht in Gottes Glauben sondern, wenn die Überlieferung stimmt, es holte ihn der Teufel. Am 11. Mai 1732 nahm er die Seele des Löweneck mit ins Fegefeuer.

Im Lehngut begann es nun zu spuken. Immer zur Mitternachtsstunde begann es und nahm im Keller des Seitengebäudes seinen Anfang. Über Treppen und Flure ging es bis es genau 1 Uhr wieder still wurde. Es endete auch wieder am Ausgangspunkt im Keller. Dieses Poltern und Rumoren vertrieb das Dienstpersonal und neues Gesinde war auch schwer zu finden. Man mauerte die Kellertür zu und sperrte den Geist aus. Nun spukte der am Schwarzen See. Wanderer die zur mitternächtlichen Stunde hier entlang kamen, hätten einen kopflosen Reiter aus dem See kommen sehen. Auf den Wiesen die am See angrenzten ritt er dann umher ohne ein Ziel und Ruhe zu finden. Um 1 Uhr sei er wieder spurlos verschwunden. Gar manchem Bauern rutschte das Herz in die Hose und der Weg wurde nachts bald gemieden. Schaurige Geschichten wurden erzählt, bange Gemüter und kleine Kinder damit erschreckt.

PS.: Über das Ableben des Schöps von Löweneck steht im Kirchenbuch folgendes geschrieben: *„Herr Johann Jacob von Löweneck; Königlicher Majestät in Polen und Churfürstlicher Durchlaucht zu Sachsen hochbestallter Oberster unter der Cavallerie, und Erbbesitzer des hiesigen Erb- und Lehngerichts, starb den 11. May früh umb 6 Uhr,* *ward auf den 25. darauf nach eigener hinterlassener Order und gemachter Anstalt und mit Vorbewußt der H. Ephorie öffentlich umb 3 Uhr durch 12 Mann Reiter mit Gefolge derer Gerichte und mit der Schule um den Kirchhoff hergetragen und ohne Leichenpredigt und Abdankung mit Gesang seiner verordneten Lieder und gesprochenen Segens begraben; seines Alters 63 Jahr. Ist ihm auch auf Occasion des H. Superintendenten 8 Tage lang zu seiner letzten Ehre von 11 bis 12 Uhr geläutet worden."*

Das verkündete Unwetter

Es soll sich am Abend des 13. August anno 1559 zugetragen haben. Über dem Dorf Niederbobritzsch sah man neben dem hell scheinenden Mond eine Menschenhand in den dünnen Wolken. Sie soll die Größe der Sonne gehabt haben und in den nächsten 30 Minuten immer größer geworden sein. Im Gegensatz zu einer richtigen Sonne verbreitete aber die Hand keinen hellen Schein. Sie wurde immer größer, bis sie so groß wie ein Tisch war. Urplötzlich zerfiel sie in viele Stücke. Am nächsten Tag ereilte Niederbobritzsch ein großes Unwetter. Es gab Hagel mit Körnern bis zu drei Pfund schwer. Auch die Formenvielfalt war groß: es gab runde und eckige, auch mit Zacken, als wären Kreuze und Spangen an ihnen. Das Unwetter war gewaltig und der Himmel war ganz rot. Einzelne Feuerstücke sollen vom Himmel herabgefallen sein, die Pflanzen und Tiere verletzt haben.

Niederschöna

Die Kapelle

Ihren Namen erhielt die heutige Kirche aus Verehrung für die Heilige Anna, die Mutter Marias, die Beschützerin der Bergleute ist.

Um den Bau dieser Kirche rankt sich eine Sage: ein Ritter von Mergenthal, der im dritten Kreuzzug mit Kaiser Rotbart (Friedrich I. Barbarossa) ritt, soll ein Gelübde für glückliche Heimkehr mit der Erbauung der Kirche eingelöst haben. Ein altes Kirchensiegel soll diese Überlieferung beinhalten.

Sagen und Überlieferungen sind die eine Seite, hier sollen historische Fakten die Sage widerlegen.

Eine weitere Sage wird von der so genannten Hundskapelle erzählt. Die geplanten Bauarbeiten scheiterten, weil nach Erzählungen die am Tage begonnene Arbeit des Nachts vom Teufel zunichte gemacht wurde, dieser rollte die herbeigeschafften Steine wieder weg; über die Vollendung des Baus gibt es keine Nachrichten.

Das Sühnekreuz am alten Friedhof.

Auf dem alten Friedhof, genau vor der Pfarrhofscheune, steht ein Sandsteinkreuz mit eingeritztem Schwert. Dies ist ein Sühne- oder Mordkreuz und gilt als das älteste Zeugnis des Ortes, noch weit vor der Ortsgründung.

Oederan

Erstmalige urkundliche Erwähnung 1227, am Schnittpunkt der Handelsstraßen „Alter Böhmischer Steig“ und „Frankenstraße“ gelegen. Seit 1583 Bergstadt.

Die Namensdeutung von Oederan

Es war wohl im Jahre 1210, als der Handelsmann Sebald Ranius, begleitet von einem Diener, durch die Gegend des heutigen Oederan zog. Im Wolfstal ereignete sich dann das Unglück. Beide wurden von den Schergen des Schellenbergers gesichtet, überfallen, verprügelt und ausgeraubt. Wagen, Maultiere und Geld nahmen die Räuber mit. Die beiden Männer blieben nach dem kurzen aber heftigen Kampf verwundet in ihrem Blut liegen.
Die Mönche vom Schwarzen Orden waren es schließlich, die beide fanden, als sie selbst von Dorf zu Dorf zogen um für sich Almosen zu erbetteln. Ranius wurde an Ort und Stelle bestattet, er hatte den Überfall nicht überlebt. Den schwer verletzten Diener nahmen sie in ihre

Oederan – Postkarte um 1900. Foto: Sammlung Harald Rockstuhl

Obhut und pflegten ihn gesund. Es vergingen einige Monate und danach setzte er seine Reise nach Uffenheim, woher Ranius und er kamen, fort.
Die Witwe hörte sich die Nachricht vom Tode ihres Mannes an und wollte, trotz der beschwerlichen Reise, an die Stelle seines Ablebens fahren. Die Schwarzen Brüder wurden von ihr reichlich beschenkt. Genau an der Stelle des Verbrechens ließ sie eine Kapelle und ein Denkmal errichten. Die Mönche schrieben auf das Denkmal ‚Edda dem Ranius', das bedeutete ‚Edda und Ranius'. Der Diener, ein pfiffiges Kerlchen, baute daneben eine Gaststätte, um Reisende und Pilger bewirten zu können. Auch die Schwarzen Brüder bauten hier und sammelten an diesem Ort ihre Almosen. Nach und nach kamen weiter Häuser dazu und es wurde eine kleine Ansiedlung daraus. Die Inschrift wurde im Laufe der Zeit als ‚Edda Ranio', auch ‚Eddaran' ausgesprochen und daraus wurde ‚Oederan'.

Rettung der Stadtkirche

Die Kirche „Zu unserer lieben Frauen" genannt, weist daraufhin, dass sie der Mutter von Jesu geweiht wurde, also Maria. Sie besitzt eine Silbermannorgel.
Kurfürst Friedrich (1412–1464) und sein Bruder Herzog Wilhelm (1425–1482), Söhne Friedrichs des Streitbaren (1370–1428), hatten zu ihrer Zeit das Land ihres Vaters in einem guten Vertrag unter sich geteilt. Doch der Friede zwischen den beiden Brüdern währte nicht lange und es überzog ein sechs Jahre dauernder Bruderkrieg das Land. Not und Elend wurde über die gesamten Lande gebracht. Herzog Wilhelms Truppen waren 1447 auch in Oederan eingefallen, Plünderungen und Brandschatzen waren angesagt. Feldhauptmann Carlo von Witzleben hatte seinen Leuten schon den Befehl gegeben, dass die Kirche nieder zu brennen sei. Hertha von der Planitz sah, wie die Krieger bereits Pechkränze an das Gotteshaus legten, um es niederzubrennen. Als gottesfürchtige Frau nahm sie all ihren Mut zusammen, lief in die Kirche, nahm das Marienbild vom Altar und ging damit auf Carlo von Witzleben zu. Sie hielt es ihm fast vors Gesicht und mit deutlicher Sprache und fester Stimme sagte sie zu ihm: *„Lass ab von deinem Werk, du gottloser Mann! Die Heilige wohnt in diesem Haus. Verschonst du es nicht, wird sie dich vor ihrem Sohn verklagen."* Dann kehrte sie ihm wieder den Rücken zu und trug das Bild zurück in die Kirche. Der Hauptmann war beeindruckt vom Auftreten dieser Frau

und ließ die Kirche nicht niederbrennen, aber den Mut, seinen Mannen die Plünderung zu verbieten, brachte er dennoch nicht auf.

Der weiße Helm

Der weiße Helm, auch St. Johannes-Stollen genannt, liegt auf einer Anhöhe von Oederan in Richtung Hainichen, an der Abzweigung nach Memmendorf.

Im „Klein Erzgebirge" sind Modelle vieler bekannter Gebäude und Landschaften des Erzgebirges ausgestellt.

Die Hussittenkrieger wüteten im ganzen Land und auch Oederan und Umgebung wurden arg in Mitleidenschaft gezogen. Not, Hunger und Elend waren an der Tagesordnung. Aber es nahte auch wieder die Zeit des Friedens. Zu diesen Verhandlungen zog auch Prokopius mit etwa dreihundert vornehmen Männern aus Böhmen durch Oederan. Er hatte freies Geleit zugesichert bekommen und dies wurde von den Oederanern auch strikt eingehalten. Allerdings hatte sich der leutselige Bodowin einige Tage verspätet und ritt ganz allein durch die Region. Er wurde gestellt und ohne Barmherzigkeit sofort an den Stadtrand von Oederan gezerrt. Dort wurde sein Leben beendet; seinen silbernen Helm nagelte man auf einen langen Pfahl, der weithin noch lange Zeit zu sehen war. Im Volksmund wird diese Stelle seitdem „Der weiße Helm“ genannt.

Das Haus der lieben Frauen

Jahre mit Pest waren in vergangenen Jahrhunderten auch in unseren Landen nichts Besonderes. Anno 1439 bis 1443 wütete diese Krankheit in unserem Raum besonders stark. Die Menschen waren allerdings mehr von einer Art Schlafkrankheit befallen, als das sie durch Aussatz und Pocken gezeichnet waren. Schmerzen hatten sie angeblich auch nicht. Hatte sie die Krankheit erst einmal befallen, holte sie meist nach wenigen Tagen der Gevatter Tod. Zog vorher der Pestengel durchs Land, versuchte man dem Tod durch Wegwandern zu entgehen. Diesmal blieb man aber im heimatlichen Ort, wie Oederan und versuchte es mit Gelöbnissen. Im unweit gelegenen Ebersdorf nahe Lichtenwalde-Frankenberg gab es ein wundertätiges Marienbild, das nun von Tausenden besucht und angebetet wurde. Die Priester waren weise Leute, sie entließen die Betenden mit einem Trostspruch für den Heimweg oder gaben ihnen Aufgaben zur Buße mit nach Hause. Für die Oederaner Bittsteller hatten sich die Priester etwas Besonderes ausgedacht:

„Das Haus der lieben Frawen
Mit Klang druf ufzubawen!“

Der Spruch war ganz einfach: Bauet eine Kirche und rüstet sie mit Glocken aus. Heute hat Oederan eine Stadtkirche und auch Glocken. Ob wirklich eine Kirche in Folge dieses Bußauftrages errichtet wurde, verschweigt die niedergeschriebene Geschichte.

Seifersdorf

Die Sage vom Lichtenstein

In einem Gedicht hat H. Felgner den Tod eines alten Jägermannes in seinem Revier zu Papier gebracht. Auf dem Kirchhof kann man den großen Gedenkstein zu Ehren dieses Försters noch heute sehen.
Er, der sein ganzes Leben lang durch Wald und Flur streifte, hat hier am „Lichtenstein“ seinen letzten Atem ausgehaucht. Während einer Vesperpause, das Brot schon zu Munde führend, hat ihn der Biss einer Schlange ins Jenseits geholt.
Und die letzten Zeilen dieses Gedichts lauten:

So ward dem Greis beschieden,
Nach Lebens Müh und Pein,
Des Todes stiller Frieden,
Am Felsen „Lichtenstein“.

Der weiße Stein

Diese originalgetreue Ganzmeilenpostsäule aus dem Jahre 1723 stand einst in Großvoigtsberg. Im Jahre 1860 wurde das Post- und Verkehrswesen neu geordnet und diese Säule hierher umgesetzt. Die Säule lag

Der weiße Stein.

zuletzt fast 40 Jahre im Straßengraben und wurde 2003 durch den Heimatverein Perzebach neu aufgestellt und mit einer Informationstafel versehen.

Siebenlehn

Sieben Lehen

Lehen war einst ein bergmännisches Maß von $14m^2$ und eine verliehene Fläche. Wer nach Erz schürfen wollte, musste zuerst solch eine Fläche ‚muten', wie es damals hieß. Wer aber an einem der Orte, wo neu nach Erz gesucht wurde fündig würde, erhielt sieben Lehen dafür. Hier leiten die Chronisten die Herkunft des Namens ‚Siebenlehn' ab.

Wachsschlägerei

Im Jahre 1911 wurde die Stadt Siebenlehn an das elektrische Netz angeschlossen. Das war etwas ganz Neues, statt der Wachskerzen wurden nun die guten Stuben mit einer Glühbirne erleuchtet. Ein Klick und das Zimmer wurde hell. Die Kerzen, einst auch Mangelware, hatten nun nicht mehr die ganz große Bedeutung. Trotz allem, die Wachsschlägerei blieb im Ort erhalten, denn sie war in vielen Jahrzehnten ein wichtiger Broterwerb gewesen.

Pumphut der Müllerknecht

Sein eigentümlich geformter Hut, ‚Pumphut' genannt, war ausschlaggebend für die Namensgebung eines Knechtes der bei verschiedenen Müllern seinen Dienst versah. Die Beiermühle nahe Siebenlehn war das Ziel des Knechtes, um dort vorzusprechen. Sie fertigten den fremden Mann kurz ab, da sie mitten in der Arbeit waren um ein neues Wasserrad einzusetzen. Sie sahen ihn kaum an und arbeiteten die ganze Zeit weiter. Pumphut marschierte weiter. Kaum war er gegangen stellten die Arbeiter fest, dass die Zapfen am Rad zu kurz waren. Nun war für die Zeugarbeiter guter Rat teuer. Sie hatten doch alles genauso fürsorglich wie sonst auch abgemessen und hergerichtet. Plötzlich stutzte einer und sagte: „War dies nicht eben der Pumphut? Er hat uns, weil wir ihn kaum beachteten, vielleicht einen Streich gespielt." Sie rannten ihm nach und vor ihnen schritt Pumphut weit ausholend. Sie riefen ihn,

Denkmal Amalie Dietrich – bekannte Naturforscherin aus Siebenlehn, die Australien bereiste. Ein kleines Museum informiert darüber.

zuerst blieb er nicht stehen doch dann wartete er. Sie mussten schon all ihre Redekunst aufbieten um Pumphut zu überzeugen, doch mit ihnen zurück zur Mühle zu gehen. Sie bettelten gar heftig. An der Mühle angekommen, nahm er seinen Hut vom Kopf, klopfte einmal links und einmal rechts an das Wasserrad und schon war wieder alles in Ordnung. Na, dafür erwies man doch Pumphut alle Ehre und man war zufrieden. Pumphut bannte nun noch die Sperlinge aus der Beiermühle, weil sie dem Müller immer viel Schaden machten. Seit diesem Tag, so wird es jedenfalls erzählt, hält sich kein Sperling/Spatz mehr in der Nähe der Beiermühle auf.

Allemal wenn Vollmond ist

Manchen Städten wird Übles nachgesagt, so auch Siebenlehn. Über dem linken Muldenufer erhebt sich die Stadt Siebenlehn und ihre Häuser sind so gebaut, dass sie sich ‚am Himmel stoßen'. Deshalb sollte nun der Kirchturm ganz niedrig gebaut werden, aber er geriet immer noch zu hoch. Nun müssen die Siebenlehner jedes Mal wenn Vollmond ist den Kirchturm herunter holen, damit der Mond nicht daran hängen bleibt.

Hilfreiche Bäcker

Die Bäcker aus Siebenlehn – es waren im Mittelalter gar viele – galten in der Region als sehr hilfreich. Als 1577 die Pest rund um Siebenlehn wütete, vereinbarten sie mit den Oberen von Nossen deren Einwohner mit Brot und Backwaren zu versorgen. Sie brachten die Waren an die vereinbarten Stellen und übergaben sie an ausgewählte Bürger von Nossen, die gleich bezahlten und alles an die bedürftigen Kranken verteilten.

„Der Schusterjunge" auf dem Marktplatz erinnert an die Glanzzeiten der Stadt und die „Deutsche Schuhmacherfachschule zu Siebenlehn in Sachsen".

Romanusmännchen

Berggeister gibt es in allen Orten und Gegenden wo Bergbau betrieben wurde, so auch in Siebenlehn. Den Berggeist der in Siebenlehn wohnte nannte man Romanusmännchen. Bösartig war er wohl keinesfalls, aber immer zu einem kleinen Streich aufgelegt. Er neckte die Menschen allzu gern.

Es soll, so wird berichtet, sich folgendes zugetragen haben: *Vater und Sohn* fuhren mit einem Pferdegespann nach Dresden und mussten auch in Nossen über die Muldenbrücke. Der Vater sah auf dem Brückengeländer eine schöne neue Fußbank, im besten sächsisch auch Hitsche genannt, stehen. Er hieß seinem Sohn diese Fußbank zu holen. Doch der weigerte sich, weil er nichts dergleichen auf dem Brückengeländer stehen sah. Der Vater stieg also selbst vom Bock und griff nach der Fußbank. Weg war sie, nur die Hand mit der er hatte zugreifen wollen brannte gar fürchterlich. Kaltes Wasser für Umschläge war ja genug in der Mulde und damit wurde sofort gekühlt. Bei Tageslicht in Dresden angekommen wurde die Hand nochmals eingehend beschaut. Nichts war zu sehen, kein Brandfleck, keine Rötung und auch der Schmerz war verschwunden.

Ein *braver Siebenlehner* ging einmal spät nachts nach Hause. Seine Haustür war zu, er hatte keinen Schlüssel und er klopfte mehrmals sehr laut an die Tür. Niemand kam und somit öffnete sich auch die Tür nicht. Er wollte über den Zaun in den Garten gelangen, doch dieser brach unter seiner Leibesfülle zusammen. Da stand auch noch ein großer schwarzer Hund mit fletschenden Zähnen vor ihm auf dem Weg ins Haus. Nun schlotterte er vor Angst und begann zu Schwitzen. Seine Haare standen ihm zu Berge und dann wurde er ohnmächtig. Morgens erwachte er in seinem Bett, allerdings schweißgebadet. Beim Blick aus dem Fenster stellte er erleichtert fest, dass der Gartenzaun wie immer in bester Ordnung war.

Ein *Tischler und sein Lehrling* fuhren in den Wald zu Tischers Stelle, da war der Holzschlag. Auf dem Wege dorthin hielt der Meister plötzlich das Fuhrwerk an und sagte zum Lehrling: *„Siehst du dort die grüne mit weißen Perlen bestickte Geldbörse? Geh und hole sie“*. Der Lehrling blickte ins Leere und sah nichts. Da stieg der Meister selbst ab und griff nach der Börse. Einen großen Frosch hatte er in der Hand, aber keine Geldbörse. Sehen konnte man niemanden, aber ein kicherndes Lachen war deutlich zu hören.

Sohra

Reiter ohne Kopf, drei Jungfrauen und der Kirchenbau

Die erste Besiedlung des Ortes erfolgte im 10. Jh. und war sorbischen Ursprungs. An die damalige Zeit erinnert auch das ehemalige Vorwerk an der Pretzschendorfer Straße. Die Sage erzählt, dass noch heute ein Reiter ohne Kopf um Mitternacht um das ehemalige Vorwerk reitet.
Hier stand einst ein stattliches Ritterschloss. Tapfere und auch grausige Ritte sollen hier gelebt haben. Im Guten wie im Bösen haben die Bauern aus den umliegenden Orten von ihnen erzählt.

Drei Jungfrauen haben ebenfalls hier gelebt. Sie gingen immer gemeinsam – zur eigenen Sicherheit – durch den Wald zu einer Quelle hin; umgangssprachlich als Born bezeichnet. Dieser gepflegte Born ist bis heute noch erhalten und wird auch gern als Ausflugsziel genutzt.

Es wird gern erzählt, dass hier auch ein Mönch gelebt haben soll. Sein Geist soll noch Jahrhunderte nach seinem Tod umhergewandert sein.

Ob es der Mönch war, der seinen Beitrag zum Bau einer Kirche beigetragen haben soll, ist nicht mit Gewissheit überliefert. Die Einwohner von Bobritzsch und Sohra wollten eine Kirche für beide Orte erbauen. Darin war man sich einig, nur über den genauen Platz konnte man sich nicht einigen. Die Bobritzscher wollten sie mitten in ihrem Dorf; die Sohraer wollten nicht zu weit Laufen und wollten die Kirche oberhalb des Dorfes erbauen. Nun griff ein Mönch aus Sohra in das Baugeschehen ein. Er transportierte mitten in den Nacht die Steine immer an den anderen ausgewählten Ort. Und nun steht die Kirche dort, wo sie einst erbaut wurde.

St. Michaelis

Gründung des Ortes

Auch in die Jahre gekommene Ritter, des Kriegshandwerkes müde geworden, haben gute Ideen. In einem Tale unweit von Brand-Erbisdorf fand man eine herrlich frische Quelle, mit klarem gut schmeckendem Wasser. Dies war ein Ort mit so viel Grün, das gefiel dem alten Krieger und hier wollte er sich an seinem Lebensabend niederlassen. Er legte die Rüstung und das Schwert ab und lebte fortan als Einsiedler. Nun blieb dies in den angrenzenden Orten nicht verborgen und die Bauern kamen zu ihm, um ihn um Rat zu fragen. Er war fromm, still und hatte ein erfahrenes Leben hinter sich, das erweckte bei den Leuten Vertrauen. Sein Wissen über die Heilkräuter, dargebracht in Heiltee und als Heilkuren, machte ihn weithin bekannt. Dazu kam das klare wohltuende Quellwasser. Es wurde immer von wunderbaren Heilkräften gesprochen, die der alte Mann besitzen sollte. An diesem Ort errichte man später eine kleine Kapelle. Sie wurde dem Hl. Michael geweiht. Der Ort St. Michaelis, heute zur Stadt Brand-Erbisdorf gehörend, wurde mit diesem Ortsnamen urkundlich erstmals 1348 genannt.

Striegistal

Geschenk der Zwerge

Anno dunnemals, also vor langer, langer Zeit lebten in den Tälern entlang der Striegis auch zwei fröhliche Zwerge, die für einen guten Bissen etwas übrig hatten. Aus der guten Milch ihrer Kühe, die auf den Weiden der Täler mit vielen saftigen und würzigen Kräutern weideten, stellten die beiden einen weißen sehr schmackhaften Käse her. Den schenkten sie ihrem König. Es geschah im Jahre 1937: die Nachfahren der Erfinder Zwerge schenkten das Rezept dieses köstlichen Käses den Leuten von der Molkerei Hainichen. Schon oft wurde versucht das Rezept zu stehlen oder nachzumachen, doch bis jetzt ist das glücklicherweise nicht gelungen. Der Camembert „Striegistaler Zwerge“ wird auch heute gern gekauft schmeckt noch genau so gut wie anno dunnemals.

Der Trompeterfelsen

Es ist schon sehr lange her, als im Tal der Kleinen Striegis folgendes Unglück geschah:
Ein reitender Trompeter, mit nichts weiter ‚bewaffnet‘ als mit seiner Trompete, wurde von feindlichen Söldnern verfolgt. In seiner Not sprang er mit seinem Pferd ins Tal hinab. Sein Leben hauchte er dort in der Fremde aus. Bauern aus der nähernden Umgebung fühlten sich in christlicher Verantwortung. Unweit der Absturzstelle, dem sogenannten Trompeterfelsen, begruben sie ihn und auf seinen aufgeschütteten Grabhügel pflanzten sie einen Rosenstock. Erst die starken Fröste im eiskalten Winter 1929/30 haben den Stock vernichtet; und seit dieser Zeit ist auch das Wissen um die genaue Lage des Grabes verloren gegangen.

Tischler und Kobold

Im Striegistal, vielleicht unweit von Bräunsdorf, lebte einst ein Tischler. Bescheiden und ehrbar war seine Art, aber die Leute in Tal behaupteten, er habe einen Kobold bei sich.
Vier große Fenster hatte er einmal als einen Auftrag anzufertigen. Es stellte sich beim Einsetzen heraus, dass sie zu klein gearbeitet waren. Über Nacht änderte er diese Fenster und am nächsten Tag passten sie ganz genau. Der Auftraggeber staunte, weil der Tischler ganz allein diese Arbeit über Nacht bewältigt hatte. Er musste einen Kobold zur Hand haben.
Für einen Bauern sollte er ein neues Butterfass herstellen. Er ging zum Hof um sich das alte Fass anzusehen und berührte dabei den Hahn des Fasses. Seitdem hatten die Bauern kein Glück mehr mit ihrem Vieh. Diese Missgeschicke sprachen sich in der Region schnell herum und nur noch wenige Bauern wollten ihn bei Handarbeiten in den Stall lassen. Er durfte die Schwellen der Kuhställe nicht mehr überschreiten. Wenn er doch hineinging und später die Kühe keine Milch mehr gaben, dann hatte der Tischler Schuld.

Die Teufelskanzel*

Im Großen Striegistal soll sich einst folgende Geschichte – so oder so ähnlich – zugetragen haben:
Im Striegistal stand damals noch dunkler dichter Wald und meist waren es nur die wilden Tiere, die im Unterholz ihre Spuren hinterließen. Nun kam, da auch das Striegistal erkundet wurde, eine Schar von Mönchen in ihren weißen Kutten und einem großen Kreuz vorweg ins Striegistal geschritten. Die Mönche verkündeten nicht nur das Wort Gottes, sie bauten auch hier, mitten im großen Wald, eine kleine hölzerne Kirche. Holz war ja ringsherum genügend vorhanden. Mehrmals rief nun die kleine Glocke zum Gottesdienst. Nicht nur die Mönche kamen von ihrer Tätigkeit herbei, auch Fremde aus den Orten fanden sich ein. Sie hörten das Wort Gottes und sangen gemeinsam fromme Lieder. Das sprach sich herum und auch der Teufel hörte davon. Er sah die vielen Menschen und dachte, die möchte ich alle in meiner Hölle haben, denn dort ist noch Platz genug. Er dachte kurz nach und hatte die Idee, hier im Tal eine schöne Kanzel aus Felsen zu bauen. Er rief gar lieblich

Auf der Teufelskanzel.

nach den Massen, doch sie hatten Angst vor dieser steinernen Kanzel und gingen weiterhin gar fröhlich und voller Eintracht zur kleinen Holzkirche. Den Teufel ärgert dies gar sehr und als er dann im besten Abendrot das Glöcklein der Kirche läuten hörte, zerstörte er mit eigener Hand seine gebaute Teufelskanzel. Mit lautem Knall und Feuerschein fuhr er in sein Reich, die Hölle, hinab und nur noch die Reste der Teufelskanzel sind zu sehen.

* *Diese steinerne Teufelskanzel ist auch heute noch ein beliebtes Nahziel für Wander- und Naturfreunde.*

Tuttendorf

Der geraubte Klingelbeutel

Anno 1762 kam es auch im Raum Freiberg zu Kriegshandlungen zwischen den Preußen und den Österreichern. Genau soll es am 14./15. Oktober gewesen sein. Es wurde gekämpft und die Söldner vergaßen dabei keineswegs das Plündern. Besonders Kirchen wurden immer wieder heimgesucht, hier war meist noch etwas zu holen. In die Bergmannskirche „St. Anna" zu Tuttendorf war ein Soldat eingedrungen und ließ den Klingelbeutel mitgehen. Dieser Klingelbeutel war aus reinem Silber. Das Geschenk des Obersteigers Johann Georg Poppe, als Dank für die reiche Silberausbeute seines Schachtes gespendet, wechselte so den Besitzer.

Gasthof in Tuttendorf um 1900. Sammlung: Harald Rockstuhl

In Rudolstadt wurde eben dieser Klingelbeutel dem Goldschmied Adam Heinrich Zürn von einem Soldaten zum Kauf angeboten. Silber war gut, Taler waren besser. Zürn erkannte den Beutel als geraubtes Kircheninventar und wurde sich mit dem Dieb handelseinig. Zürn war aber ein gottesfürchtiger Mann und reparierte zuerst den doch arg in Mitleidenschaft gezogenen Klingelbeutel. Natürlich verewigte sich Zürn dabei und brachte folgende Gravur an: *„Dieses, welches der Kirche zu Tuttendorf entwendet worden, verehrt wieder durch Adam Heinrich Zürn; Rudolstadt, den 9. August 1763"*. Dem Johannis-Hospiz zu Freiberg oblag die schöne Aufgabe den Klingelbeutel nun wieder der „St. Anna" in Tuttendorf zu überbringen. Als Dank an den edlen Mann hatte die Kirchgemeinde für Zürn ein Vaterunser zu beten und ein christliches Gedenken für ihn zu halten.

Die Bergmannskirche zu Tuttendorf – Tauf- und Konfirmationskirche des Autors – gilt als eine der ältesten Kirchen im Landkreis Freiberg. Erbaut um 1190–1218

Das „Paradiesgärtlein" verbrannte nicht

Anno 1738, am Johannisabend gegen 22 Uhr, eigentlich war es schon Nacht, suchte ein gar heftiges Unwetter mit Blitz und Donner das Dorf Tuttendorf heim. Durch einen Blitz stand das Haus des Bergmannes J.D. Schiefel ganz schnell in hell lodernden Flammen und brannte bis auf die Grundmauern nieder. Es war nichts an Mobiliar oder sonstigem übrig geblieben. Glücklich war nur der Umstand, dass kein Mensch zu Schaden gekommen war. Am nächsten Tage, beim Wegräumen der Asche und verkohlten Gegenstände, fand man in der Glut das bis auf die Außenhülle unversehrte Büchlein von Dr. Arndt – Das Paradiesgärtlein – ein Gebetbüchlein. Es soll schon mehrere Feuersbrünste überstanden haben, wird über dieses im Jahre 1725 hergestellte Buch berichtet. Es wurde damals dem Pastor übergeben, der es auch viele Jahre in seiner Betstube aufbewahrte.

Gasthof in Tuttendorf um 1900. Sammlung: Harald Rockstuhl

Wegefarth

Baron Philipp

Ein sehr gewalttätiger Mensch, ein rechter Grobian soll der Baron von Wegefarth gewesen sein. Auch mit seinen Nachbarn ging er nicht immer freundlich um. Eines Nachts setzte er, weil es ihm so in den Sinn kam, einen Grenzstein um, weil er eine gewaltige Eiche, in manchen Überlieferungen ist auch von einer Esche die Rede, in seinen Besitz bringen wollte. Diese stand bis dato auf dem Besitz des Predigers Magister Teller.

Wie in solchen Fällen meist üblich, hatte er seine Seele dem Teufel verschrieben, mit ihm also einen Pakt über sein Leben abgeschlossen. Wenn 15 Jahre verflossen sind, so war es mit dem Teufel verabredet, gehöre seine Seele ihm. Der Teufel aber warnte den lasterhaft lebenden Baron. Als die ersten fünf Jahre des Paktes vergangenen waren fand man seine Dogge, einen rechten Prachthund, erwürgt auf. Nach 10 Jahren wurde sein Rappe, ein wirklich edles Pferd, umgebracht. Der Baron dachte zwar ab und zu an den Pakt mit dem Teufel, doch er glaubte er sei stärker als der Belzebub.

Nun waren 15 Jahre vergangen und die Abrechnung nahte. Der schlaue Baron lud nun zur Mitternachtsstunde zwölf Prediger aus der Umgebung von Wegefahrth zu sich ein. Elf der Prediger waren auch rechtzeitig zur Stelle und nahmen am großen Tisch Platz. Nur einer und ausgerechnet Teller aus Bräunsdorf, fehlte. Es war wohl fünf Minuten vor Mitternacht, da setzte sich auch Teller endlich zur Tischgesellschaft. Der Baron war gerettet, so glaubte er es jedenfalls. Genau beim zwölften Glockenschlag fiel ihm das Messer aus der Hand und rutschte unter den Tisch. Beim Aufheben sah er die Bescherung: der zwölfte Gast war nicht Teller, sondern der Teufel. Am Pferdefuß war er auch bei düsterem Licht ganz deutlich unter dem Tisch zu erkennen. Noch bevor die Prediger zum Mitternachtsgebet anhuben nahm sich der Teufel die ruchlose Seele des Barons und krachend ging es durch die Zimmerwand zur Hölle.

Noch heute wird erzählt, dass der kopflose Reiter Baron Philipp von Wegefarth nachts, besonders entlang des Schirmbaches, spuken soll.

Weißenborn

Namensgebung

Die Landstraße von Freiberg nach Frauenstein führt durch Weißenborn, das von Franken gegründet worden sein soll. Unweit der Mulde lag eine Quelle. Die Franken, die dieses Flecken Land zuerst besiedelten, nannten den Ort am ‚kalten, weißen Born'. In früheren Zeiten, als die Quelle noch hörbar sprudelte, sagte man dem Wasser Heilkräfte nach. Mag sein, vielleicht lag es nur an der sichtbaren Kräftigung von Mensch und Tier, wenn sie sich nach einem langen Tagesmarsch am Wasser labten… An dieser Quelle soll sich zuweilen auch eine weiße Frau aufgehalten haben, die manchmal zu sehen war. Aus der ‚weißen Frau am Born' oder ‚dem weißen Born' wurde im Lauf der Zeit ‚Weißenborn'.

Weißenborn (Erzgebirge). Dorfkern mit Kirche 1838.
Von J.H. Ketzschau, F.A. Renner. Sammlung: Harald Rockstuhl

Bemerkungen

Donatspat – Spatgang: gibt die Ost-West bis Südost-Nordwest-Richtung der Ausdehnung der Erzgänge, fachmännisch Streichen genannt, an.
St. Elisabeth: Heute Schaubergwerk, wurde um 1520 bis 1620 befahren; nach der Hl. Elisabeth Landgräfin von Thüringen und Sachsen benannt.

Literaturverzeichnis

Bärsch, Renate: Eine wahre Adventsgeschichte; Bürgerblatt Stadt Großschirma, Januar 2011, S. 12

Blechschmidt, Manfred: Sagen aus Sachsen; Husum Druck und Verlagsgesellschaft, Husum, 1996

Bley, Kurt: Aus Freibergs vergangenen Tagen; Graz & Gerlach, Freiberg, 1926

Bloch, Egon: Alte Sagen um die Bergstadt Brand-Erbisdorf; Sonderdruck „Sächsische Bergzeitung“, Brand-Erbisdorf, 1929

Dohrmann, Hans-Dieter: Die lange Schicht des Totengräbers zu Langenau; Eigenverlag, 2. Aufl., 2010

Dohrmann, Hans-Dieter: Der Langenauer Pestkarren, Eigenverlag, 2010

Felgner, H.; Die Sage vom Lichtenstein; Chronik der Gemeinde Seifersdorf,

Feustel, Herbert: Sagen aus dem Erzgebirge; Husum Druck und Verlagsgesellschaft mbH u. Co.KG, Husum, 2. Aufl., 2001

Freyer, Günter u.a.: Freiberger Land; Werte unserer Heimat, Bd. 47, Akademie-Verlag, Berlin, 1988

Grässe, Dr. Johann Georg Theodor: Der Sagenschatz des Königreiches Sachsen; G. Schönfeld’s Verlagsbuchhandlung, Dresden, 2. Aufl., 1874

Kaden, Helga: Gequältes Herz als Ursprung von Brand; Freie Presse, Chemnitz, 25.2.1994

Kreikenbom, Marianne: Sächsische Sagen; tosa, im Verlag Carl Ueberreuter Ges. . b. H., Wien, 2007

Kumpf, Elisabeth: Jungferngrube und Teufelsschmiede; St. Benno-Verlag GmbH Leipzig, Leipzig, 2. Aufl., 1983

Lauterbach; Werner: Sagenbuch des Erzgebirges, Altis-Verlag; Friedrichsthal, 2003

Lauterbach; Werner: Sächsische Volkssagen, Kulturbund der DDR, Bezirksleitung Karl-Marx-Stadt, Teil 3, 1986

Richter, Dr. Uwe. Freibergs Jubiläen im Jahre 2018, Erzgebirgische Heimatblätter, Kulturb und Landesverband Sachsen e.V.; Marienberg,Heft 4, 2018

Rölleke, Heinz: Das große deutsche Sagenbuch; Anaconda Verlag GmbH, Köln, 2017

Rössing, Roger: Sagen und Bilder aus dem Erzgebirge; Tauchaer Verlag, 2000

Scholz, Volkmar: Der Freiberger Silberfund um 1168 als Initial weiterer bergbaulicher Aktivitäten zur Prospektion und zum Fündigmachen neuer Lagerstätten(teile) um Freiberg herum. In Druck, 2018

Schwenke, Arthur: Spottgeschichten auf die Brander Armut; Mitteilungen des Altertumsvereins, Freiberg, 1916

Stange, P.: Die Grabentour; Gesellschaft für Strukturentwicklung und Qualifizierung Freiberg mbH, Freiberg, o.J.

Trommer, Harry: Alte Stadt, erzähle; Petermänken-Verlag, Schwerin, 1963

Uther, Hans-Jörg: Sächsische Sagen; Eugen Diederichs Verlag, München, 1992

Werner, Dietmar: Bergmannssagen; Druck- und Verlagsgesellschaft Marienberg mbH, Marienberg, 3. Aufl. 2002

Werner, Dietmar & Walter Nachtigall: Der böse Advokat; Verlag Werner Dausien, Hanau, 1986

Werner, Dietmar: Bergmannsagen aus dem sächsischen Erzgebirge; VEB Deutscher Verlag für Grundstoffindustrie, Leipzig, 1985

Werner, Dr. Dietmar: Sächsische Volkssagen, Bd. 1: Kulturbund der DDR, Bezirksleitung Karl-Marx-Stadt, 1981

Werner, Dietmar: Verborgene Schätze; Druck- und Verlagsgesellschaft Marienberg mbH, Marienberg, 2005

Wolfram, Robert: Sächsische Volkssagen 1863–1868; Verlag Harald Rockstuhl, Bad Langensalza; 1. Reprintauflage 2009

Wrubel, Fr.: Sammlung bergmännischer Sagen; Verlag von Graz & Gerlach, Freiberg, o.J.

Zimmermann, Bettina: Das Schloss Freudenstein und seine Geschichte. Internet: www.freiberg.de

o.V.: Sagenhaftes Mittelsachsen; Landkreis Mittelsachsen, Band 1 und 2, 2017

Danksagung

Ich möchte mich bei allen bedanken die mir in vielfältiger Form halfen, damit dieses Buch erscheinen konnte.
Besonders danke ich meiner Frau Evemarie für die gemeinsamen Recherchen im Freiberger Land und für die Korrektur der Texte.
Herzlich bedanke ich mich auch bei den Herren Uwe Richter, Freiberg; Dr. Stefan Dähne, Freiberg; Detlef Herklotz, Freiberg; Dietmar Dittrich, Oberbobritzsch; Volkmar Scholz, Freiberg; Jens Kugler, Freiberg; Jens Löser, Freiberg und Ernst Ullrich, Bräunsdorf.

Dem Verlag Harald Rockstuhl, Bad Langensalza, gilt ein herzliches DANKESCHÖN für die kompetente Beratung und Unterstützung bei dieser überarbeiteten Auflage.

Dr. Frank Löser, im August 2018

Dr. Frank Löser auf der Leipziger Buchmesse.
Foto: Harald Rockstuhl

Zum Autor

1944 in Lößnitz bei Freiberg/Sachsen geboren. Nach Schulabschluss Ausbildung zum Gärtner.
Besuch der Fachschule für Pflanzenschutz in Halle/Saale 1963–1966.
Viele Jahre Mitarbeiter beim Pflanzenschutzamt Karl-Marx-Stadt.
1969–1974 Fernstudium zum Dipl.-Agr.-Ing. und anschließend außerplanmäßige Dissertation.

Lebt seit 1984 in Mecklenburg.

Wahlmecklenburger mit Herz und Seele; fühlt sich aber mit seiner alten Heimat eng verbunden.

Seit 1990 selbständig im Bereich der Werbeakquise und heute im aktiven Unruhestand. Er ist verheiratet und hat zwei Kinder.
Seine besonderen Hobbys sind das Entdecken und Erkunden der Natur, der Pflanzen- und Tierwelt.

Löser – Sagen und Geschichten im Verlag Rockstuhl

Freiberger Sagenbuch – Mit Sagen des Freiberger Landes

Taschenbuch, 90 Seiten, 41 Abbildungen

ISBN 978-3-95966-384-7

Sagenbuch der Augustusburg

Taschenbuch, 48 Seiten, 31 Abbildungen

ISBN 978-3-86777-041-5

Sagenbuch – Heilige Elisabeth von Thüringen 1207–1231

Taschenbuch, 50 Seiten, 40 Abbildungen

ISBN 978-3-938997-76-5

Sagenbuch des Silbernen Erzgebirges

Rund um die Bergstadt Sayda und die Silbermannstadt Frauenstein

Taschenbuch, 86 Seiten, 63 Abbildungen

ISBN 978-3-86777-025-5

Sagen und Geschichten aus dem oberen Flöhatal im Erzgebirge

Pfaffroda – Neuhausen – Olbernhau – Seiffen

Taschenbuch, 58 Seiten, 52 Abbildungen

ISBN 978-3-86777-162-7

Sagen und Geschichten der Kulturlandschaft Lewitz

Taschenbuch, 88 Seiten, 90 Abbildungen

ISBN 978-3-86777-101-6

Sagen und Geschichten Hansestadt Rostock

Taschenbuch, 86 Seiten, 44 Abbildungen

ISBN 978-3-95966-044-0

Sagen und Geschichten Ludwigslust Griese Gegend

Taschenbuch, 206 Seiten, 67 Abbildungen

ISBN 978-3-95966-160-7

Sagen und Geschichten Hansestadt Wismar

Taschenbuch, 48 Seiten, 26 Abbildungen

ISBN 978-3-95966-286-4